COUP D'ŒIL RÉTROSPECTIF

SUR LA

POLITIQUE GÉNÉRALE

r 56

Paris. — Imprimerie Ad. Lainé et J. Havard, rue des Saints-Pères, 19.

COUP D'ŒIL RÉTROSPECTIF

SUR LA

POLITIQUE GÉNÉRALE

DES DERNIÈRES ANNÉES

JUSQUES ET Y COMPRIS 1864 ET PARTIE DE 1865

PAR

B. REY (D'AUTUN)

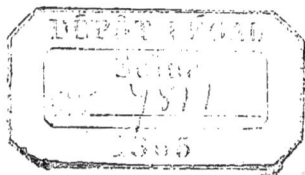

Docteur en Médecine de la Faculté de Paris
Ancien membre du Conseil général du Cher
Ancien Maire de la ville de Saint-Amand et de la commune de Coust
Chevalier de la Légion d'honneur.

Qui se sent morveux, qu'il se mouche.
MOLIÈRE (*l'Avare*).

PARIS

TYPOGRAPHIE DE AD. LAINÉ ET J. HAVARD

RUE DES SAINTS-PÈRES, 19

1865

TABLE.

TROISIÈME PARTIE.

NOTES DÉTACHÉES A LA FIN DE L'OUVRAGE.

FIN DE LA TABLE.

LETTRE A M. DE C.....

Capitaine en retraite, chevalier de Saint-Louis, etc.

MON VIEIL AMI,

Je vous écris cette lettre pour servir d'introduction au nouveau *Coup d'œil*, enfant posthume de ceux que je vous adressai il y a plus de quinze ans.

A bien prendre les choses, une préface, si écourtée qu'elle soit, doit, en les touchant légèrement, reproduire avec exactitude les points saillants de l'œuvre et lui servir d'enseigne, comme l'esquisse est l'enseigne du tableau dans sa composition générale. La préface est à l'écrit ce que l'ouverture est à l'opéra. Vous comprendrez ce langage, vous,

mon vieil ami, qui êtes un peu dur d'oreille
et prétendez n'entendre au théâtre que les
paroles chantées, avec accompagnement.
Preuve nouvelle que l'harmonie musicale n'est
pas moins que l'harmonie de la phrase et des
mots, l'expression des pensées et des sentiments.

Je n'oserais vous promettre tant de logique
tirée à quatre épingles. Ceci a été écrit à bâtons
rompus, durant les mois rigoureux de l'hiver,
sous l'influence de l'âge avancé, avec le cortége
obligé de ses misères. Bien qu'au fond la saison
et les infirmités ne soient point une excuse
valable auprès du lecteur ennuyé, il est malaisé,
convenez-en, de suivre à la piste une idée ou
un raisonnement, entre deux quintes de toux,
deux accès de goutte ou de rhumatisme; pis
encore.

J'ai, comme vous voyez, d'excellentes raisons
pour me ranger au culte de la vieillesse et faire
ressortir, avec une complaisance marquée, les
rares exemples de ces vieillards privilégiés que
n'ont pu mordre au cœur et au cerveau les

dents acérées du temps, — *tempus edax;* — à peu près comme ce personnage de la comédie, cette fille à marier, — sans dot, — qui, dans son désir de plaire au vieillard convoité, décorait sa demeure des images du vieux Nestor, du vieux Priam, dédaignant les figures juvéniles d'Adonis et de Cupidon.

Le tout pour en venir à l'appréciation juste, autant qu'il est humainement possible, des hommes et des faits, discuter de sang-froid ces propositions diverses, dans leurs rapports avec la situation présente, et, ce qui ne doit jamais être omis, arriver à conclusion.

Je compte appeler votre attention sur les principales expéditions lointaines : le Mexique, l'Italie, la Crimée, la Chine, la Cochinchine, le Liban; mentionner de nouveau l'Algérie. J'ai dû intercaler l'Isthme de Suez, en raison de son importance relative dans les œuvres de haute nationalité.

Ce n'est pas sans motifs et à l'aventure que j'adopte cet ordre de classement; vous saurez pourquoi.

Avant tout j'invoque le sentiment religieux, comme la meilleure garantie de l'ordre civil et politique. Il me faut le maintien, envers et contre tous, du Saint-Père à Rome, en qualité de souverain temporel parfaitement indépendant et maître chez lui. Mais j'ai dû supplier le chef vénéré de l'Église catholique de souffrir, — dirai-je de subir? — comme les autres souverains de la terre, les exigences rigoureuses des temps et des lieux, en tout ce qui n'atteint pas le dogme et la foi.

J'arrêterai votre pensée autour et au-dessus des grands intérêts nationaux et internationaux qui peuvent concourir à fixer l'équilibre général et particulier, en France et dans les deux mondes.

Je porterai vos regards sur les hommes saillants de l'époque, remarquables par leur participation aux affaires publiques, dans lesquelles ils ont pris et prennent journellement une part active. Ces hommes seront à mon point de vue d'autant plus considérables qu'ils feront preuve de plus d'intelligence et de vo-

lonté dans leur marche invariable vers le but
proposé.

Enfin, j'ai tenu à accomplir, — dirai-je un
vœu? — qui fut le rêve de toute ma vie, à
savoir l'engagement pris à part moi de réhabiliter la femme au rang qui lui appartient
dans nos sociétés modernes. J'ai voulu en parler
honnêtement, c'est-à-dire avec l'impartialité
également éloignée de l'adulation et de l'in-
sulte. Surtout je me suis appliqué à lui épargner les fadeurs écœurantes et les provocations
brutales du compliment — à brûle-crino-
line.

L'exagération abusive du compliment ne
se révèle nulle part avec plus d'effronterie que
dans le premier sonnet de l'amoureux Pé-
trarque. Il y compare sa divine Laure au soleil,
avec cette circonstance aggravante qu'il la
trouve beaucoup plus belle que l'astre du
jour :

Una donna più bella assai che'l sole!!

Avant le chantre de Vaucluse et après lui

les amoureux, poëtes et prosateurs, ne se sont fait faute de comparer leurs belles, qui à la rose à cause de ses couleurs vermeilles, qui au jasmin, à l'albâtre, à la neige, pour la blancheur de la peau. Ils ont même risqué la perle au sujet des dents, que, dans mon estime particulière, j'aimerais plus blanches. Mais le soleil avec ses rayons brûlants, c'est le comble de l'excentricité.

En dehors de ces observations je fais réserve, pour les hommes, des cas nombreux dans lesquels ils ne sauraient être suppléés. Mais toutes les fois qu'il s'agira d'entrer en parallèle des qualités spéciales à la femme, je maintiens que les hommes devront baisser pavillon.

La conclusion générale se résume tout entière au seul point qui marque le but : concilier toutes les opinions par la satisfaction possible des intérêts, rapprocher ainsi les partis, non dans un sens absolu, — l'absolu est une chimère, — mais suivant les grands courants des grandes majorités, et, sur ce terrain solide, bâtir l'édifice social rajeuni sous l'égide du gouvernement impérial ; tel est le problème à résoudre. Là, et seulement là, réside le salut de la France, peut-être du monde.

Une idée géminée — politico-sociale — domine toute la situation et la tient asservie sous son double joug de la logique et du bon sens.

Il s'exhale de partout, comme une senteur patriotique, odeur de marine française, suivant et, s'il se peut, devançant la rapidité du progrès.

Vous aurez à excuser l'incohérence du plan médiocrement conçu et plus médiocrement exécuté, son défaut de suite et d'ensemble, le décousu, les redites... Heureux si je puis invoquer, à l'atténuation de ces redites séniles, le bénéfice du *bis* et du *ter repetita placent*, — quand elles caressent le *dada* du lecteur. — Avec vous je serai fréquemment privé de cet avantage ; c'est une difficulté de plus.

N'espérant guère vous faire partager sur

tous les points mes tendances et mes vœux,
j'aime à croire que vous n'accuserez ni ma
franchise, ni ma loyauté. Vous me rendrez au
moins cette justice qu'une fois, par accident,
la parole, — ou l'écriture qui en est la repro-
duction matérielle, — a été donnée à l'homme
pour ne pas déguiser sa pensée.

Un mot encore, par superfétation de scrupule : je conseille aux lecteurs graves, par
état ou par tempérament, aux lectrices douées
d'une sensibilité raffinée et tournant court
à la sensitive, de passer, sans les lire, les
notes posées au bas de la page, ou rejetées à la
fin de l'écrit. Serait-ce que ma plume incivile
ou distraite aurait, sans le vouloir, exposé des
idées, tracé des peintures peu conformes aux
règles de la décence, ou seulement des bien-
séances imposées à tout écrivain qui se respecte
et respecte son public? Holà! non; rien de
semblable ne se produit dans cet opuscule.

« La mère en *permettrait* la lecture à sa fille. »

Je n'ai voulu, par cette observation, que me

soustraire au reproche de légèreté, de trivialité, de goût douteux égaré dans les régions
infimes.

Ceux ou celles qui, au mépris de mon
avertissement, risqueraient la lecture, assume-
ront, à ma décharge, toute responsabilité. Je
m'en lave les mains.

COUP D'ŒIL RÉTROSPECTIF

POLITIQUE GÉNÉRALE.

PREMIÈRE PARTIE.

I.

LE MEXIQUE.

Commençons par la politique extérieure et choisissons la question du Mexique, de toutes la plus controversée et de laquelle sont nées en foule des objections divergentes, contradictoires, opposées.

Cette expédition, la plus difficile, comme la plus importante des trois grandes guerres accomplies par Napoléon III, avec ou sans alliés, la plus fertile en résultats d'une immense portée; cette expédition ouvre

2

devant nos regards un vaste horizon dont l'Empereur seul peut-être a mesuré l'étendue.

Les contradicteurs, dont nous ne prétendons pas ici discuter la bonne foi, nous paraissent avoir singulièrement rapetissé un acte de mâle courage et de sage prévoyance. Soit que, frappés d'une myopie relative, ils n'aient aperçu que les périls et les inconvénients, ne tenant nul compte des avantages probables ou avérés, ou que, sans les comprendre, ils aient condamné à l'avance une série d'opérations savamment calculées, des juges moins équitables que sévères se sont mis à traduire par des réticences accusatrices leurs inquiétudes fort exagérées, si elles n'étaient de tout point fantastiques.

Bien plus, lorsque la lumière se fit par le succès et que les nuages dissipés l'un après l'autre laissèrent le champ libre à la vue des moins clairvoyants, il se trouva bon nombre de gens disposés à nier l'évidence.

Enfin les partisans secrets de l'entreprise, n'osant s'avouer à eux-mêmes, moins encore avouer aux autres, ce qu'ils y trouvaient de juste et de glorieux, usèrent de circonlocutions timorées pour exprimer leurs opinions et leurs vœux. Ils semblaient demander, au nom de l'Empereur, pardon de la liberté grande d'avoir conquis à la civilisation, sans arrière-pensée d'ambition personnelle, tout un monde de peuples et de souverains.

Il ne fallut rien moins que l'action persévérante du

temps et la discussion libre des grands corps de l'État, où se déploya l'éloquence persuasive de quelques orateurs privilégiés du talent, pour rassurer les timides et river la confiance au cœur de tous.

Admettons en principe que l'œuvre une fois commencée, et malgré la désertion facile à prévoir des Anglais, moins explicable en ce qui touche les Espagnols; admettons que cette œuvre devait être poursuivie avec l'esprit de décision et de persistance dont l'Empereur ne se fait faute dans toutes les occasions majeures.

Il y allait des intérêts sérieux de la France, dans ses rapports présents et futurs avec les deux mondes.

C'est ce que je vais essayer de mettre en lumière par des raisonnements que j'ai lieu de croire concluants.

L'homme politique, dans la haute acception du mot, n'est digne de ce renom qu'à la condition de plonger son regard dans les profondeurs de l'avenir, pour en dévoiler les secrets. Cette sorte de prescience exige, outre la connaissance approfondie de l'histoire, une étincelle de ce feu sacré que l'antiquité païenne attribuait à Prométhée, et dont le christianisme traduit la pensée par les lumières du Saint-Esprit. Il faut conclure de là qu'une telle étude qui touche à l'inspiration est accessible à un très-petit nombre d'intelligences supérieures.

Ils n'étaient pas doués de cette double vue politique qui perce les murailles, ceux qui, dans un élan de libéralisme prématuré, allèrent en 1773—1783 porter le

secours des armes et de l'argent de la France à l'émancipation de l'Amérique, c'est-à-dire à l'insurrection des
Américains du Nord contre la mère patrie.

Et d'abord on se demande avec une pénible anxiété
comment le vertueux Louis XVI, ce cœur si pur, cet
esprit si droit, cette probité si intègre, « le plus honnête homme de son royaume, » a pu se laisser induire,
en pleine paix, sans provocation aucune de l'Angleterre,
à lui faire une guerre sourde, au mépris du droit des
gens et de la foi jurée? C'est une page « qu'on voudrait
pouvoir arracher à l'histoire de l'excellent roi » et du
meilleur des hommes.

Louis XVI devait payer cher l'immoralité de cette
politique qui n'était pas la sienne, par les terribles re-
présailles de la révolution française. Car ce n'est pas
trop s'avancer que d'en attribuer la cause principale à
la vengeance de l'Angleterre. Hélas! le bon roi était
prédestiné au rôle de victime expiatoire, pour les fautes
de son règne et plus encore pour celles des règnes précédents!

Voilà, pour le dire en passant, de quoi rabattre la
bouffée de gloire anticipée dont Lafayette et ses émules
se firent une auréole, brillante alors d'un feu follet.
Les ombres de ces *grands* citoyens, de ces *illustres*
patriotes peuvent, si elles se promènent aux bords du
Léthé, redire en chœur les vers du poëte :

De nos travaux voilà quelle est l'histoire ;
Tout est fumée et tout nous fait sentir
Ce grand néant qui *vient* nous engloutir.

Le génie de Napoléon III semble avoir deviné l'avenir de l'Amérique et ses aspirations uniformes vers un but qu'elle ne manquera pas d'atteindre, plus tôt qu'on ne le croit généralement, si l'on n'y met ordre. Ce but désormais avéré accuse l'ambition démesurée des États-Unis qui ne prétendent rien moins qu'à la domination de l'ancien continent européen, par le développement gigantesque et l'unification complète du nouveau monde.

Un tel état de choses constitue pour l'Europe occidentale, au moins, un danger immense que la France et son Empereur veulent aujourd'hui conjurer.

Il ne s'agit plus seulement de faire la balance de l'Europe. La tâche est tout autrement laborieuse. Il en faut venir, et promptement, à pondérer les deux mondes, l'ancien et le nouveau, dans le but d'empêcher celui-ci de déborder celui-là.

L'Américain du Nord, armé de son évangile Monroë (1) qu'il a pris au sérieux, embrasse, dans ses con-

(1) Cette doctrine ou ce programme Monroë ne consistait d'abord qu'à empêcher l'Europe de se mêler des affaires de l'Amérique. Celle-ci était dans son droit. De là, et par une pente glissante, l'Amérique se laissa aller à l'idée grosse d'ambition de

voitises, la conquête de son continent tout entier,
depuis le Canada le plus septentrional emprisonné dans
ses glaces polaires, jusqu'à l'isthme de Panama qui
étrangle, sans les discontinuer, les deux lobes du nouveau continent. Il y joint celle de tous les archipels
semés dans les deux Océans.

Mais, direz-vous, c'est le comble de l'extravagance,
c'est vouloir reculer les bornes de l'absurde!

Tant qu'il vous plaira. Connaissez-vous une absur-
dité, une extravagance qui ne puisse s'abriter sous
le crâne humain, surtout si cette folie est chauffée au
foyer du fanatisme républicain?

Car il faut avouer que le souffle républicain enfante
des merveilles, sauf à les voir se disloquer tôt ou tard et
rouler pêle-mêle au fond de l'abîme.

Je vais vous parier qu'il n'est pas un Américain, de
ceux qu'on nomme les Yankees, dont le sommeil, hallu-
ciné par la radieuse figure de son dieu dollar, ne lui
promette l'empire du monde, après l'empire des Amé-
riques. C'est tout au plus si, dans leur impuissance de
tout prendre et de tout garder, ils consentiraient au
partage avec la Russie, qui, de son côté, lorgne les pos-

se mêler des affaires de l'Europe avec la ferme intention de
l'asservir.

Au reste voici venir (septembre 1865) le continent méridional
du nouveau monde qui formule, en termes à peu près identiques,
le fameux programme, en suspicion de la vieille Europe.

sessions anglaises dans l'Inde, attentive au commande-
ment, partant du Caucase, du demi-tour à droite.

Éveillés, ils y songent encore.

Voyez-les à l'œuvre dans la partie réalisable, désormais en voie d'exécution, de leur programme, et jugez
par ce qu'ils ont fait depuis un demi-siècle, de ce qu'ils
pourraient faire dans le cours du demi-siècle suivant.

Pour ne parler que de ce qui se rattache plus directement à notre sujet, n'est-il pas évident que ce Mexique
actuellement en litige est rongé par eux, comme par un
chancre, et que, un Juarès quelconque aidant, c'en serait fait, au profit des États-Unis, de l'empire de Monté-
zuma?

Déjà la plus forte moitié en étendue, sinon en valeur
vénale, de cet empire que le savant baron de Humboldt
signale comme le siége du plus beau trône de l'univers,
demeure annexé aux États-Unis. L'autre moitié ne tar-
derait pas, si l'on n'y met empêchement, à subir le
même sort.

Et Cuba, ce charmant joyau des grandes Antilles,
étonnée de demeurer encore, à peu près seule dans ces
parages, au fond de l'écrin si riche autrefois du roi de
toutes les Espagnes « sur les États duquel le soleil ne
se couchait jamais »; cette île de Cuba, fertile jusqu'à la
prodigalité, ivre de toutes les splendeurs, plongée dans
sa voluptueuse somnolence; Cuba n'éprouverait-elle pas

aussi le *désir* irrésistible de se régénérer au contact de la grande République, de secouer ses langes tombés en guenilles et, relevée de son *abrutissant esclavage*, de revêtir la robe étoilée resplendissante de libertés, de gloire et de dollars?

Ainsi des autres.

N'était-il pas urgent au premier chef de modérer un peu ces appétits gloutons?

C'est ce qu'a voulu l'Empereur, d'abord en compagnie de ses deux alliés, puis seul, abandonné à ses propres ressources, mais relevant avec dignité fière, et confiance dans sa force, le gant qui lui était jeté.

Aux griefs généraux dont nous avons signalé le plus petit nombre se joignaient les griefs particuliers suscités, comme une menace permanente, contre l'honneur et les intérêts de la France.

Nos nationaux étaient persécutés, emprisonnés, dépouillés, assassinés par les gouvernements ignoblement anarchiques qui se sont succédé pendant quarante années, et que dépassait en injustice et en cruauté la sanglante dictature de Juarès.

Les réparations vingt fois demandées et obtenues par les représentants de la France, toujours éludées au nom de gouvernements éphémères et perfides, aboutissaient, en dernière analyse, aux plus amères déceptions. Les droits internationaux étaient foulés aux pieds, les traités méprisés, la loyauté et la bonne foi honnies.

Fallait-il subir encore, après un si grand nombre de tentatives avortées, la honte de défaites que déguisaient mal les efforts impuissants de la diplomatie, et le joug odieux des gouvernements de passage attachés, comme autant d'avides sangsues, aux flancs déchirés de ce malheureux pays?

L'Empereur n'a pu et n'a pas dû accepter une telle situation.

Trompé, comme il arrive toujours, par le récit des émigrés, le souverain de la France n'envoya d'abord que des forces insuffisantes. Mieux édifié sur l'état des choses, sur la force des partis qu'il avait à combattre et à vaincre, l'Empereur résolut de conduire à bonnes fins sa noble entreprise et, soutenu par les pouvoirs légaux qui votent l'argent et les soldats, il voulut, du même coup, affranchir le Mexique, et sauver l'honneur avec les intérêts nationaux.

Une poignée de braves, guidés par la prudence qui n'exclut pas l'intrépidité, suffit à contenir, durant plusieurs mois, des forces deux ou trois fois décuples dont l'ennemi, abrité derrière les murailles ou tenant la campagne, harcèle incessamment la petite armée française.

Les secours, sagement combinés, arrivent à point. Le général Forey, qui les commande, traverse trois mille lieues de mer, affronte le *vomito negro* dans les terres chaudes de la Vera-Cruz, réunit sous sa main tous les moyens d'action qui lui faisaient défaut presque complétement, s'empare par un coup de génie militaire de la Puebla, dont il met, comme il a dit, la garnison dans sa poche.

Le général avait fait mieux que de déployer cette valeur guerrière qui court les rangs de l'armée ; que de prévoir et organiser, jusqu'aux dernières limites de la prudence humaine, toutes les chances de réussite ; le général avait su braver, avec une ténacité surhumaine, les reproches de lenteur si humiliants à l'homme de cœur replié dans sa force, si blessants pour la prévoyance qui commande la temporisation, sous peine de compromettre le succès.

Le général, qui ne veut frapper qu'à coups sûrs, enlève toutes les positions, écarte ou surmonte tous les obstacles et marche sur Mexico, où il entre en triomphateur, sous une pluie de fleurs et des tonnerres d'applaudissements. Il y entre accompagné, même précédé par les troupes mexicaines que commandent les officiers nationaux ralliés à l'occupation française.

En vertu des ordres précis de son gouvernement scrupuleux à repousser toute idée de conquête, le général Forey a proclamé en tous lieux qu'il n'est pas venu pour imposer au pays les lois du vainqueur et que son but unique fut, après avoir délivré le Mexique du joug détesté et détestable de la tyrannie démagogique, de lui laisser toute liberté dans le choix d'un gouvernement.

Sa mission était encore d'aider le Mexique, par tous

les moyens honorables dont il pourrait disposer, à l'exécution de cette difficile et périlleuse entreprise.

En conséquence un gouvernement provisoire est organisé. Ce gouvernement où siégent les sommités militaires, civiles, religieuses, réunies à Mexico, déclare, sous la sanction d'un vote peu différent du plébiscite, que la forme monarchique sera adoptée et que le prince Maximilien d'Autriche est appelé à gouverner le Mexique avec le titre d'Empereur.

Mais le rôle du général Forey tire à sa fin. Il est rappelé en France pour y recevoir le prix de ses magnifiques exploits ; le bâton de maréchal l'y attendait.

Celui du général Bazaine commence. Temporiseur à son tour devant la saison des pluies qui rendent les chemins impraticables, il saisit, à son début, le retour de la saison meilleure pour traquer, de poste en poste, l'ex-président Juarès et le contraindre à la fuite, que celui-ci marque impitoyablement par des exactions nouvelles et de plus acerbes cruautés.

A l'approche du général français et sur son passage, les villes et tous les centres de population capitulent et se rangent avec empressement sous la bannière franco-mexicaine. Tous acceptent avec bonheur la délivrance longuement désirée ; tous adoptent la forme de gouvernement et le nouvel Empereur décrétés par le gouvernement provisoire, et sanctionnés par le vote des populations.

Que deviennent cependant les sinistres prédictions de ceux qui ont tant déclamé sur et contre l'expédition mexicaine? A les entendre, on sacrifiait en pure perte le sang et les trésors de la France ; après les efforts stériles, les pertes douloureuses, les dépenses ruineuses, on n'aboutirait qu'à la honte d'avoir échoué. Fût-on vainqueur à Puebla et entré à Mexico, on n'aurait pas fait la dixième partie du labeur, puisqu'il faudrait avoir raison de l'ex-président Juarès et de la majorité républicaine soutenus par les masses et dispersés sur un immense territoire. On se condamnait en tous cas à une occupation prolongée dont on ne pouvait prévoir la fin et à laquelle ne suffiraient pas les armées de la France, ni les ressources de son budget...

Enfin on conseillait la retraite colorée, du mieux qu'il se pourrait, par un traité que l'on savait à l'avance frappé d'inanité. Sitôt que nos flottes auraient perdu de vue les rivages de la Vera-Cruz, il en serait de ce traité comme des précédents : une lettre morte.

Eh bien! je n'hésite pas à dire que si l'on avait eu la faiblesse d'ouvrir l'oreille à ces conseils timides, sinon malveillants, le gouvernement impérial et sa dynastie étaient grandement compromis.

Par une conséquence nécessaire, les intérêts de la France seraient sacrifiés.

Abordons la réfutation des objections, — de quelques-unes d'entre elles, car il serait trop long et trop fastidieux d'en suivre, pied à pied, la liste tout entière.

Lorsqu'un gouvernement prévoyant et sage, comme celui que la France s'est donné, entreprend une guerre lointaine, tout au travers de l'Océan et de ses plages insalubres, il a dû compter sur des pertes infiniment regrettables en hommes et en argent. C'est l'une des nécessités terribles auxquelles il faut savoir se résigner.

Tout ce qu'on peut raisonnablement demander à ce gouvernement, c'est, en subordonnant les moyens au but, d'économiser autant que possible ces précieuses ressources, en même temps qu'il affirme, à la face du soleil, la fin juste, honnête, glorieuse qu'il s'est proposée.

C'est ce que le gouvernement impérial n'a pas manqué de faire, avec une clarté et une bonne foi dignes de tous éloges.

L'occupation militaire, indéfiniment prolongée, n'apparaît nullement comme une nécessité. Une fois Juarès expulsé ou réduit à l'impuissance, l'armée nationale s'organise, l'administration prend une forme et un corps, les finances se régularisent en budgets de recettes capables d'équilibrer les dépenses, en attendant qu'ils les dépassent.

Pourquoi non? Les éléments de la richesse publique et privée préexistent et ne demandent qu'à être mieux aménagés.

Il y faudra sans doute le concours du temps et de la

science, dont le gouvernement nouveau-né puisera, à notre école, le précepte et l'exemple.

On ne voit donc pas pourquoi, malgré les sinistres prévisions du pessimisme, nous ne serions jamais indemnisés des sommes que l'expédition nous aura coûtées. Ce sont millions prêtés et non aliénés.

Voulez-vous, mon vieil ami, me permettre une supposition?

Supposons que Napoléon III soit chargé pour son compte, et pour celui de sa dynastie, de l'œuvre prodigieuse qui incombe désormais à l'empereur Maximilien, ne pensez-vous pas qu'il en sortirait à son honneur et gloire, comme au profit du peuple mexicain?

Répondez oui ou non.

Vous répondrez oui, car vous n'ignorez pas la puissance organisatrice, le génie créateur et conservateur du souverain qui nous gouverne.

Vous savez encore que, le cas échéant à Napoléon III de constituer au Mexique un gouvernement de toute pièce et sur table rase, il aurait peut-être des Aztèques, des Toltèques et autres Peaux-Rouges, croisés de race espagnole ou pur sang, aussi bon marché que des princes de la basoche, des gros bonnets de la finance et des beaux diseurs du boulevard élégant.

Pourquoi donc le prince que l'on dit pourvu des plus éminentes qualités gouvernementales ne parviendrait-il pas, sous l'égide de la France et de son Empereur, à dominer la situation difficile, énormément difficile, mais non impossible, qui lui est faite?

Pourquoi n'arriverait-il pas, à force de patience et de longanimité, à résoudre les questions si épineuses dont il sera, dès l'abord, enchevêtré?

Vous conviendrez au moins que pour tenter une si magnifique, mais si périlleuse aventure, il faut reconnaître au prince qui s'y dévoue un très-ferme courage et le plus noble cœur.

C'est que ce prince est le descendant de Charles-Quint et qu'il a pour compagne l'une de ces princesses magnanimes dont notre siècle si décrié par les pessimistes de nature et de tempérament s'est montré prodigue.

Ainsi se trouve résolue en principe, et en bonne voie d'exécution, l'entreprise qui a pour but principal d'équilibrer entre elles, en les séparant, les vastes régions du nouveau monde et d'effectuer, avec le monde ancien, la pondération nécessaire à la meilleure conformation des gouvernements qui se partagent le globe.

Il ne s'agissait de rien moins que d'arracher à l'avidité croissante des Américains du Nord la petite moitié du Mexique dont ils ont dévoré la plus forte part.

Déjà s'agitait sérieusement la question de leur vendre, pour quelques millions de dollars, — M. Michel Chevalier dit 57 millions de francs, — quelques-unes des meilleures provinces encore intactes. Le tout y eût passé.

Il était donc grandement temps que l'intervention française, dont le moment préfix fut merveilleusement choisi, vînt arrêter l'appétit famélique des disciples de Monroë.

Il était temps qu'en sauvant l'honneur et les intérêts matériels de nos nationaux, l'Empereur posât une barrière infranchissable aux ardeurs insatiables des envahisseurs.

Il était temps que l'illustre rejeton de la lignée de Charles-Quint et sa noble compagne, au cœur débordant de courage et de générosité, daignassent accepter l'honneur dangereux, mais sublime, de sauver tout un grand peuple de la fureur des factions intestines et de l'envahissement trop prévu de ses cupides voisins. L'existence de cette contrée, riche encore, malgré ses pertes récentes, était plus que menacée. Devant elle se dressait la question d'être ou de n'être plus, de se laisser effacer de la carte des nations, ou de renaître « plus charmante et plus belle » des ruines de son passé qui ne fut pas sans grandeur.

Que les Américains du Nord voient de mauvais œil surgir à leurs côtés un gouvernement régulier, honnête, fort, en remplacement du désordre inextricable et de l'anarchie sans limites qu'ils avaient la bonne intention d'exploiter à leur profit, cela se conçoit sans peine. Le tableau d'une administration sagement progressive, au double point de vue du sentiment national et religieux, est d'un fort mauvais exemple pour des gens qui

rêvent, à leur usage particulier, la République universelle et fondent, sur les malheurs d'autrui, la réalisation
de leurs projets. Ils aviseront, disent-ils, à souffler sur
ce fantôme de monarchie, lorsque leurs troubles inté-
rieurs seront apaisés, et que le gouvernement fédéral,
reconstitué de nouveau à l'état d'unité, se redressera dans
toute son énergie.

A ce compte, le jeune Empereur aura le loisir de se
reconnaître et de mettre empêchement à la perpétration
de cette étrange forfanterie.

Les Yankees de toutes les origines devront à leur tour
se prémunir contre les éventualités très-probables dont
ils sont menacés.

Oui, il est plus que probable que, dans un temps
donné, non-seulement la masse des États-Unis sera sépa-
rée en deux grandes fractions, — peut-être en un plus
grand nombre, — mais que l'esprit monarchique consti-
tutionnel les enveloppera de sa saine atmosphère, en les
délivrant des agitations républicaines qui se traduisent
toujours à la longue en déplorable anarchie.

Autant en feront les autres républiques américaines,
lesquelles, s'éclairant des lumières et frappées des prospérités croissantes de leurs heureux voisins, sauront al-
lier à la somme de libertés possibles, — très-variable
suivant les besoins et les aptitudes de chaque nation, —
la part de bien-être et de gloire dont nul gouvernement
ne saurait être frustré sans injustice.

3

On en viendra partout à ce juste milieu gouvernemental, dont la possession, partielle d'abord, puis générale, ne sera plus une chimère (1).

Il était réservé à la France d'en fournir le premier exemple, et à son Empereur d'en faire au Mexique la première application.

Examinée de ce point culminant et, j'ose le dire, nouveau, l'expédition mexicaine prend à la fois un caractère d'ampleur et de simplicité qui dispenserait, jusqu'à un certain point, d'en justifier la glorieuse opportunité.

Des causes générales et particulières bien connues et sainement appréciées découlent, sans trop d'effort d'imagination, la série des effets certains pour le présent, plus que probables en ce qui regarde l'avenir.

En parcourant du doigt la carte de l'immense continent qui n'a de bornes que les deux océans et les glaces polaires, on le voit doté de grands lacs, véritables mers intérieures, sillonné par de puissants cours d'eau, frères et émules du Saint-Laurent et du Mississipi, entrecoupé de chaînes de montagnes gigantesques, dont les contre-forts se croisent en mille réseaux et d'où s'épanouissent autant de plaines cultivables.

Ajoutons-y la ceinture des Archipels, posés comme

(1) Les derniers événements, si imprévus qu'ils fussent et si importants qu'ils soient, n'ont rien changé à mes appréciations sur le sort réservé, dans un avenir indéterminé, aux Républiques américaines. (Note de juin 1865.)

autant de sentinelles avancées, pour les besoins de la défense et les prévisions de l'attaque.

Voilà ce qu'a fait la main de Dieu pour l'avenir de l'Amérique septentrionale.

La main de l'homme obéit à l'impulsion qui lui vient de la nature des choses. Elle s'aide du progrès de la civilisation pour imprimer à ces contrées favorisées du ciel le plus merveilleux développement.

La forme du gouvernement et jusqu'à son nom disent assez sa tendance imperturbable vers la réunion et la cohésion des parties en un ensemble compacte. Sa politique invariable veut totaliser, sur la plus grande échelle, les valeurs incalculables dont elle cherche le *quantum* avec une infatigable ardeur. Les membres épars se rapprochent et, si éloignés et si disparates qu'ils soient, ils finiraient par s'agencer en un géant près duquel le Gargantua classique ne serait qu'un Pygmée. C'est, dans la pensée du peuple américain, une sorte de seconde création qu'il se sent capable d'animer et de faire marcher vers le but irrévocablement arrêté : l'unification à sa plus haute puissance.

Les difficultés de toute sorte, les obstacles de toute nature naîtront en foule sous ses pas. L'Américain n'y voit que des ajournements et ne se laisse pas détourner de son chemin.

En présence de tels faits passés de la théorie à la pratique et soutenus par la persévérance la plus obstinée, voudra-t-on comprendre enfin le danger qui menace l'Europe occidentale, si elle laissait grandir le colosse à ce point d'en être un jour écrasée?

C'est à l'empêcher, par un *veto* solennel, que l'Europe doit s'appliquer dorénavant. Une surveillance active et incessante opposera au flot envahisseur sa digue insubmersible.

Qu'on ne se laisse pas endormir par des protestations décevantes de sympathie, d'amitié, de reconnaissance, mots sonores, mais creux entre nations plus encore, s'il est possible, que dans les rapports individuels.

L'Europe ne saurait trop se hâter de se mettre en garde, tandis que ses forces combinées de terre et de mer peuvent encore dominer de très-haut, en l'entravant, la fortune espérée et déjà réalisée à moitié du nouveau monde.

Il incombait à la France, placée à l'avant-garde, et qui, mieux que le ministre Choiseul, peut s'intituler le « *Cocher de l'Europe* », de prendre l'initiative, et d'éteindre, avant l'explosion, la mine allumée sous ses pas.

Mais la France, si forte qu'elle soit, ne pourrait toujours seule suffire à la tâche. Elle se ménage, dès à présent, les alliances nécessaires à l'exécution de ses vastes desseins; alliances bien cimentées et les seules durables, puisqu'elles reposent sur l'intérêt mutuel, bien et dûment constaté des parties contractantes.

Et voilà en thèse générale ce qui met à l'abri de toute critique raisonnable la politique de l'Empereur.

L'expédition du Mexique n'est que la préface du livre que l'Europe occidentale devra sérieusement étudier, si elle tient à conserver son indépendance, sa grandeur acquise et sa juste prépondérance entre les deux pressions également redoutables de l'Amérique et de la Russie.

Arrivons à dire que l'entreprise était impérieusement dictée par les nécessités de l'époque; que sa non-exécution eût été une faute capitale, et que l'occupation est nécessaire jusqu'au jour où le Mexique pourra s'en passer.

Sortons du Mexique le plus tôt qu'il se pourra; c'est assez conforme aux règles de l'économie qui nous est journellement prêchée par les faiseurs de budgets. Mais n'en sortons pas avant d'avoir assuré le triomphe définitif des armes franco-mexicaines, d'accord en cela avec la véritable civilisation, comme à la gloire de notre drapeau.

Ensemble il ne nous est pas interdit d'aviser à la réalisation des avantages matériels considérables dont la France aura acquis et payé d'avance le droit de se prévaloir.

Telle est, si je ne me trompe, la paraphrase incomplète, mais exacte, du mot célèbre emprunté à Napoléon III : « L'avenir montrera que l'expédition du Mexique fut le plus grand acte politique de mon règne. »

Si j'avais besoin de fortifier ma thèse, au sujet des alliances, j'en trouverais facilement l'occasion dans l'incident très-remarquable qui se produit actuellement (juillet, août et septembre 1865), au grand ébahissement de ceux qui n'ont pas encore dépouillé leurs vieilles rancunes contre la *perfide Albion*. Je veux parler de la visite, reçue et rendue, des deux escadres française et anglaise, dans les eaux de Plymouth, de Brest et de Cherbourg. Voilà certes un spectacle étrange, du moins fort inattendu, pour peu que l'on veuille plonger dans l'histoire des deux nations un regard en arrière.

Surviennent les commentaires à perte de vue. Serait-ce une recrudescence de l'*entente cordiale,* ou simplement affaire de courtoisie et procédé de bon voisinage? Rien moins; il n'y a pas en tout cela un atome de sentiment, — fausse-monnaie de toutes les diplomaties, — hormis du sentiment de la défense et de la conservation. Ce ne sont pas non plus récréations d'enfants qui jouent à la marine. Qu'est-ce donc? C'est un rapprochement forcé par l'imminence des événements dont l'avenir est gros. Joignez-y l'accession plus que probable de l'Autriche, de l'Italie et de l'Espagne, unie au Portugal, et vous aurez le secret de la coalition pentaèdre qui se prépare contre les envahissements prévus des deux colosses, posés en menace permanente à l'Orient et à l'Occident. Telle est l'explication toute simple de ce qui serait énigme à des spectateurs peu attentifs et imprévoyants.

Le petit Portugal, marié à l'Espagne dans la péninsule Ibérique, peut, quelque jour, peser d'un grand poids contre l'Amérique du Nord, à raison de l'empire brésilien dont il est le générateur.

La Belgique et la Hollande, puissances maritimes qui forment comme un trait-d'union entre l'Angleterre et le continent, ont évidemment le droit et le devoir de se joindre à la coalition en la complétant.

Il faut peu compter sur la Prusse, que l'on dit inféodée à la Russie et qui doit être surveillée de près dans ses tentatives de suprématie en Allemagne, contre l'Autriche, notre alliée future. On compare généralement la Prusse, d'ailleurs suspectée de foi punique, à l'épée dont la poignée serait à Saint-Pétersbourg et la pointe sur le cœur de la France.

Vous remarquerez combien naturellement mon explication découle, comme de source, de l'*idée-mère*. Choisissez tout autre point de départ et vous ne pourrez, sans torturer le sens et les mots, sortir de ce dédale de démonstration. Que serait-ce en effet d'une parade éblouissante de mise en scène, fort dispendieuse en perte d'argent et de temps, s'il ne s'agissait que de réchauffer entre la France et l'Angleterre des sentiments d'affection et de sympathie, — lieux communs passablement usés, — au péril de nos souffrances d'amour-propre qui ressortent, quoi qu'on en ait, de la comparaison des deux marines?

Nous apprenons aux Anglais le chemin de nos ports militaires, en faisant défiler devant eux le petit nombre, déjà respectable, de nos vaisseaux cuirassés, très-bien établis et pouvant servir de modèles, mais enfin un nombre restreint; tandis que, par une délicatesse étudiée, ils affectent de n'en pas exhiber plus que nous. Prenons garde de nous exposer volontairement à une série de déceptions, j'ai presque dit de ridicules.

Mais si nous nous élevons à la hauteur de l'IDÉE, tout change d'aspect, tout s'illumine et s'ennoblit.

Nous disons à l'Angleterre, de ce ton péremptoire qui n'admet pas de réplique : Voilà les rudiments d'une flotte qui, avec ou sans votre permission, égalera les vôtres en puissance et en valeur. Nous les réunirons, — c'est le seul parti rationnel, — pour marcher ensemble à la conquête de la civilisation universelle, — magnifique toison d'or de notre âge. — Que si, pour notre malheur commun et pour le malheur de l'humanité, vous redeveniez nos ennemis, vous nous trouverez préparés à vous combattre (1).....

Les mêmes réflexions générales s'adaptent, comme la cire au moule, à tous les faits maritimes auxquels nous avons pris une part, qui se sont succédé depuis la guerre

_____

(1) Et maintenant allez, continuez les divertissements.

de Crimée jusqu'à celle du Mexique, inclusivement. C'en est du moins la traduction libre, mais fière, applicable à nos aptitudes, comme à nos légitimes aspirations.

On comprend le rôle considérable que le Mexique est appelé à jouer dans ces combinaisons, dont il devient en quelque sorte le nœud gordien ; et pourquoi l'Empereur Napoléon **III,** mû par des considérations de l'ordre le plus élevé, consent à contracter des alliances qu'un esprit vulgaire accueillerait sans doute avec un sentiment de répulsion.

De tous les triomphes le plus méritoire, sinon le plus éclatant, est celui qu'un grand souverain remporte sur son orgueil offensé. C'est aussi le plus difficile.

II.

L'ITALIE.

Sans revenir sur les faits accomplis dans la péninsule Italique, examinons rapidement ce qu'il y aurait, selon nous, à faire encore pour restituer à ce beau pays les conditions de l'existence normale qui lui appartient, tout en conciliant avec ses droits et ses intérêts les intérêts et les droits de la France.

L'œuvre commencée par nous sous des auspices honorables, continuée par d'autres au moyen de procédés souvent équivoques, quelquefois coupables, et que nous n'avons pas approuvés, diffère, par sa forme seulement, mais se rapproche au fond du premier programme.

Disons, une fois pour toutes, que, dans nos appréciations de la politique impériale, en Italie et partout, nous avons voulu et voudrons constamment faire prévaloir les

intérêts de la France, en tant que basés sur le principe
de justice et de loyauté.

Ainsi dans la présente question, et si intéressante que
soit à nos yeux la résurrection d'une nation voisine, à
laquelle nous sommes attachés par tant de liens d'origine et de fraternité, nous n'eussions point applaudi à la
dernière levée de boucliers, s'il ne nous eût été démontré
que les intérêts de la France, d'accord avec l'équité, ap-
pelaient notre intervention, en vue du présent et de
l'avenir. Nous avions en perspective les destinées de
l'Europe et celles du monde entier.

Ces intérêts se résument en un petit nombre de nécessités et d'impossibilités.

Nécessité de consolider à perpétuité la puissance tem-
porelle du Saint-Père, sur son trône dix fois séculaire.

Dire que le Pape est la clef de voûte de l'édifice social ;
que son trône ne peut s'élever qu'à Rome, sur la pierre
consacrée par la foi des siècles, d'où il domine la catholicité tout entière, à savoir la plus vaste agglomération
d'hommes rangés sous le sceptre de l'unité ; que tout
partage ou promiscuité de ce pouvoir lui serait une pro-
fanation mortelle, sans utilité pour la cause d'aucun
peuple catholique ou non, c'est énoncer une série de vé-
rités passées désormais à l'état de lieux communs. Les
derniers débats parlementaires, accompagnés et fortifiés
par les écrits les plus accrédités, ont élucidé ces questions, et les ont mises hors de doute, à n'y plus revenir.

Ajouter qu'il existe, depuis mille ans et plus, une solidarité rigoureuse entre Rome et la France, au double
point de vue politique et religieux, c'est enregistrer une
fois de plus les rapports internationaux auxquels on sera
toujours forcé de faire retour, si l'on s'en était écarté.

Le Pape doit régner à Rome à titre de souverain indépendant de toutes les puissances; il ne peut être le sujet
d'aucun monarque. Son indépendance absolue comme
souverain temporel est nécessaire, indispensable à sa dignité et à sa liberté d'action.

Quant à la circonscription du royaume temporel, c'est
à l'Italie et avec elle à la France, dominées qu'elles sont
par la tyrannie des événements, qu'il appartient d'en
décider. Cette circonscription, qui ne peut être inférieure
à ce qu'on nomme le patrimoine de saint Pierre, sera
garantie par la France et l'Italie contre toutes les éventualités d'agression ouverte ou masquée.

En ce qui regarde le revenu annuel du Saint-Père, ce
grand *denier de saint Pierre* que, dans un langage plus
conforme à celui de nos modernes financiers, on nom-
merait sa *liste civile,* je la voudrais égale ou supérieure
aux plus riches dotations des autres souverains; je ne
lui marchanderais pas les millions. La raison en est
palpable, c'est que, plus qu'un autre monarque, le Saint-
Père est dans l'obligation de soutenir la splendeur de
son sang suprême et dans celle plus étroite de répandre
ses largesses, — nobles aumônes, — sur ceux qui pâtissent

de la faim, de la soif et de toutes les misères humaines.

A l'égard des voies et moyens, c'est aux mêmes puissances, auxquelles s'adjoindraient, dans des proportions diverses, celles qui ont besoin d'ordre et de sécurité, qu'il incombe de régler ce grand compte moral autant que matériel. L'essentiel est que les stipulations soient assises sur des bases immuables, à l'égal des garanties qui affirment le pouvoir temporel.

Une autre nécessité ressort du droit imprescriptible, dont la France est en possession depuis un temps immémorial, le droit de revendiquer le protectorat du Saint-Siége, à l'encontre de l'Autriche qui l'avait usurpé, en même temps qu'elle s'efforçait de dominer la Péninsule tout entière.

De là découle logiquement, entre autres impossibilités majeures, celle de poursuivre, par la guerre, l'unification complète de l'Italie.

Voilà qui mérite quelques explications.

L'unité de l'Italie entraînerait de fait l'occupation de Rome par le nouveau roi, à l'exclusion du Saint-Père, dont la présence est absolument incompatible avec celle d'un autre souverain. Concevrait-on, en effet, ces deux rois cantonnés face à face sur les rives opposées du Tibre, chacun d'eux exposé journellement aux récriminations, aux sarcasmes, aux insultes de l'autre?

Ensuite l'unité de l'Italie rendrait possible la coalition

de 24 à 30 millions d'habitants avec les ennemis de la France, qui ne l'a pas délivrée du joug autrichien pour s'en faire une alliée équivoque, une rivale dangereuse, peut-être une ennemie irréconciliable.

Enfin cette unité appellerait indubitablement sur l'Italie le *protectorat* de l'Angleterre, qui ne perdrait pas une si belle occasion de décupler Malte et Gibraltar.

Quant à l'occupation restreinte de l'Italie, elle était commandée par les raisons que nous avons dites, et par celles que nous dirons plus bas.

Le temps d'arrêt de Villafranca n'impliqua nulle contradiction avec l'idée première qui inspira l'entreprise; elle en fut au contraire la confirmation.

Pour qui va au fond des choses, il eût été plus qu'imprudent de donner à l'œuvre une couleur de conquête illimitée, dont l'Europe s'effarouche si vite, en ouvrant la lutte impossible avec les trois grandes puissances de l'Europe orientale. Est-ce que l'Autriche, la Prusse et la Russie, ces copartageantes peu morales mais non repentantes de la malheureuse Pologne, auraient assisté, l'arme au bras, au triomphe définitif et complet de la France en Italie? Est-ce que la guerre européenne, dans ses extrêmes complications, ne serait pas sortie de ces victoires, et avec quelle perspective de désastres et de malheurs?

Bien plus, il est une autre politique dont M. de Lamartine fait remonter l'origine au prince de Talleyrand et qui, loin d'être la négation de celle que nous avons suivie, en serait l'affirmation la plus accentuée.

Ce grand diplomate, le premier peut-être de notre époque, a toujours penché vers l'alliance autrichienne dont il voulut nous faire un rempart contre les empiétements trop prévus de la Russie. — Il caressait aussi l'alliance anglaise, dont il sut tirer grand parti.

L'Autriche a perdu à tout jamais l'attitude menaçante qu'elle avait héritée de Charles-Quint. Étant refoulée par nos armes et par celles de l'Italie, vers des limites de prépondérance qui ne nous font plus ombrage, l'Autriche a dû rester forte contre l'ennemi commun, en prévision de son alliance ultérieure avec la France contre la Russie.

Voilà qui explique, en la justifiant, la suspension de nos victoires, sans qu'il en soit resté la moindre tache au lustre de nos armes.

C'est aussi la sanction de l'hypothèse où l'Italie restera fidèle à l'alliance de la France. Fût-elle tentée de s'y soustraire, elle y serait forcément ramenée par le besoin de notre secours, dont elle ne pourra de longtemps se passer.

Dans l'hypothèse contraire, l'Empereur a dû prendre toutes précautions pour échapper à la disgrâce de voir ses bienfaits tourner contre lui. Ces précautions se révèlent principalement dans le soin d'arrêter l'unification intégrale de l'Italie. Car, quoi que l'on en ait pu dire et penser, et malgré les prétentions exorbitantes de la

Péninsule, l'unité ne sortira point des termes actuellement posés.

On a donc eu tort d'affirmer (1) que l'Empereur, parti
fédéraliste, était rentré unitaire. Rien n'est moins conforme à la réalité des faits. Le premier programme, si
on se le rappelle, signalait clairement, à qui voulait comprendre, une confédération à trois, savoir : au nord, un
grand Piémont; au midi, le royaume des Deux-Siciles,
le Pape au centre, avec la présidence morale, plus que
matérielle de la nouvelle Italie.

C'est encore la même chose au fond, quant à l'idée
première, avec des variantes considérables, il est vrai,
dans la distribution et l'emplacement des territoires. Trois
sections très-distinctes sont marquées sur la carte et sur
le terrain :

1° La Vénétie et son formidable quadrilatère entre les
mains de l'Autriche;

2° Le Piémont engraissé du Milanais, de la Toscane
et des autres duchés, accru des États de l'Église, dans la
proportion des trois quarts ou des quatre cinquièmes,
enfin marié aux États napolitains;

3° Le Pape demeure inamovible au sein de son petit
royaume, amoindri jusqu'à l'exiguïté. Mais l'importance
et la grandeur du Saint-Père ne gisent pas uniquement
dans l'étendue de son territoire. Sa prépondérance prend

(1) M. Émile Ollivier, si j'ai bonne mémoire.

sa source dans un ordre d'idées infiniment plus élevé. Rome catholique pèse dans la balance du monde autant que les capitales des autres souverains. A cet égard, la grande voix de la France s'est fait entendre, par le triple organe de ses assemblées délibérantes et de son Empereur, assez haut pour ne laisser à personne le droit ni l'espoir de les voir changer, hormis dans les détails insignifiants, de politique et de résolution.

En somme, le système fédératif a prévalu et l'unité est écartée (1).

(1) Il n'est pas hors de propos de rappeler ici tout le mal qu'on s'est donné, depuis quatre ou cinq ans, pour revenir en définitive, au lancé, après avoir parcouru un cercle immense de combinaisons divergentes, souvent contradictoires. Cela me remet en mémoire un petit roman de M. Alphonse Karr intitulé, je crois : *Midi à quatorze heures :*

Deux jeunes époux arrivés au dernier quartier de la fameuse lune et ne trouvant plus satisfaction suffisante dans l'amour l'un de l'autre, conçoivent simultanément l'idée d'ouvrir une correspondance épistolaire avec un être caché qu'ils pensent n'avoir jamais vu, et dans lequel leur imagination exaltée veut découvrir ce qui leur manque au point de vue du spiritualisme le plus raffiné de la passion. C'est bien là, se disent-ils, chacun à part soi, l'homme ou la femme — que j'ai rêvé — ou rêvée. L'élévation et la distinction de la pensée, les élans du cœur, les délicatesses du sentiment....

Comme il en faut finir de la correspondance et du roman, les deux amoureuses natures, — amours platoniques, rien de plus, — décident d'un commun accord, après une année de tourments qui leur parut un siècle, de se rapprocher, afin de savourer mieux, dans l'extase d'une émotion exquise, les jouissances inef-

En résumé, la France vient d'accomplir en Italie ce qui me semble le plus conforme à ses droits et à son devoir :

Refoulement à distance respectueuse de l'influence autrichienne sur le Pape et sur toute la Péninsule.

Retour à la juste prépondérance qui nous appartient et que l'Autriche avait usurpée.

Restauration de notre protectorat dont le Saint-Père est l'objet constant et vénéré depuis plus de dix siècles.

Et puis la borne posée devant l'ambition des voisins, principalement des Anglais, toujours enclins à prendre pied partout où leur intérêt commande.

> Laissez-leur prendre un pied chez vous,
> Ils en auront bientôt pris quatre.

Telle est l'une des faces de la question. L'autre face se dessine par les jalons indicateurs des alliances destinées à protéger l'Europe occidentale contre les entreprises

fables dont débordent leurs cœurs vivement épris ; échangeant ainsi, avec délices, leur mutuelle adoration.

Qu'arriva-t-il ? c'est que les deux amants chauffés — rouge-cerise — au feu de leur amour mystique eurent à reconnaître, dans la prosaïque réalité, l'une son mari, l'autre sa femme...

C'était bien la peine de faire tant de chemin, semé d'un si grand nombre d'incidents, pour aboutir tout juste au point de départ !

très-probables, sinon certaines, que méditent les deux colosses du Levant et du Couchant.

Il n'en fallait pas tant pour amener et pleinement justifier la guerre d'Italie, en vue de ses résultats immédiats et futurs. L'intérêt de la France en fut le premier mobile ; l'intérêt de l'Italie ne passait qu'en second.

III.

LA CRIMÉE.

Depuis longtemps les hommes politiques ont porté sur l'expédition de Crimée, — la première en date de nos grandes guerres, — un jugement qui appartient désormais à l'histoire. M. Thiers, dans un discours célèbre (séance du 6 mai 1864), approuve l'expédition de Crimée, comme devant dissoudre en Orient la coalition de l'Occident (1).

Au fait, il s'agissait d'empêcher la Russie d'occuper

(1) Au moyen d'une singulière précaution oratoire que l'illustre orateur crut devoir habiller aux couleurs de la modestie, il a dit d'un ton péremptoire que « l'aridité du sujet ne lui permettrait pas d'accorder la moindre satisfaction aux choses de l'esprit. » Comme si M. Thiers pouvait traiter un sujet quelconque sans l'assaisonner à profusion de cet ingrédient! Inutile de dire que personne ne crut à ce serment d'ivrogne.

Constantinople, objet de son éternelle convoitise, et qui la ferait peser trop lourdement dans le plateau de la balance européenne.

Puis, en ce qui concerne la France, il importait de réhabiliter le prestige de nos armes, momentanément obscurci dans la lutte — dirai-je ignoble? — que leur infligea la révolution de février 1848.

Enfin la France y a gagné la part d'influence dont elle a usé avec un si généreux dévouement en faveur des chrétiens du Liban, menacés d'une destruction totale, et qu'elle a su replacer dans des conditions supportables, en attendant qu'elles se fassent meilleures. Le tout en dépit du fanatisme musulman et, c'est triste à dire, contre le mauvais vouloir des Anglais qui se disent chrétiens.

C'est ici la place d'offrir au noble Abd-el-Kader nos hommages de gratitude pour le concours magnanime par lui prêté à la France. Ce héros, né et nourri dans la foi musulmane, autrefois notre ennemi redouté, puis l'ami reconnaissant des bienfaits de l'Empereur, n'a pas craint d'exposer sa fortune et sa vie, pour sauver de la ruine et de la mort bon nombre de nos coreligionnaires. Mille grâces lui en soient rendues.

Cette fois l'Angleterre, qui ne fait jamais rien sans avoir calculé à livres et shillings le bénéfice net qui pourra sortir de l'opération; l'Angleterre joua son jeu serré, parce qu'elle avait entrevu, sur le dernier plan, la destruction, au moins l'affaiblissement de la flotte russe qui lui fait ombrage.

C'est pourquoi l'Angleterre insistait si fort pour la continuation de la guerre durant l'année suivante. Il était temps, néanmoins, pour elle d'en finir de ce côté, à raison de la grosse affaire de l'Inde, qui lui tomba inopinément sur les bras.

La France fit sagement de conclure la paix avant que la Russie fût acculée à l'impasse de ses désastres maritimes et contrainte de recommencer, sous une autre forme, le sacrifice héroïque qui fut le tombeau de l'armée française, et quelle armée !

Aujourd'hui nul ne serait admis à dire, ainsi que nous l'avons maintes fois entendu : A quoi a servi cette guerre de Crimée, si coûteuse en hommes et en argent, si compromettante pour les intérêts et pour l'honneur de la France ? N'eût-il pas mieux valu adopter l'heureuse idée, — idée qui, pour le dire en passant, n'a jamais fait le moindre chemin, — de contracter alliance avec la Russie contre l'Angleterre ?

Un tel argument n'est plus de saison et se réfute de lui-même :

1° Ce serait mal servir nos intérêts et moins encore sauvegarder notre honneur que d'ouvrir à l'Orient, par l'occupation de Constantinople et du Bosphore, les portes de l'Occident ;

2° Notre honneur et nos intérêts ne seraient pas

mieux respectés par la retraite de la France, rompant brutalement avec l'Angleterre. Ces deux puissances de premier ordre ont décidément reçu la mission de poursuivre ensemble le progrès de la civilisation dans les deux mondes. Elles ont fait et feront, de concert, ce que chacune d'elles ne pourrait accomplir isolément. La réflexion et l'expérience sont venues modifier considérablement, à cet égard, nos premières impressions.

L'incident né des combinaisons que l'on prête, non sans fondement, aux puissances du nord-est de l'Europe, à savoir une vaste coalition contre le sud-ouest, vient jeter la lumière sur cette question délicate, et corroborer la pensée de leur opposer un contre-poids. Le cas échéant d'une rupture entre les deux moitiés inégales de l'Europe, ce ne serait pas trop des forces réunies de la France et de l'Angleterre, doublées de celles des deux Péninsules, — l'Autriche à l'avant-garde, — pour s'opposer à l'exécution des projets imputés à ces rudes jouteurs.

Il serait donc à propos de dépouiller, dans nos rapports internationaux avec l'Angleterre, le vieil homme des rancunes, pour ne songer qu'à l'entente intéressée, si elle n'est cordiale. Il ne s'agit plus ici d'un mariage de raison, moins encore d'inclination, mais d'un mariage forcé.

Défions-nous des entraînements du jugement préconçu

à l'aveugle et gardons-nous de substituer, à perpétuité, la passion au raisonnement.

Méprisons le reproche banal et nullement mérité de nous laisser remorquer, contre notre vouloir, par une nation ennemie et jalouse.

Mais la duplicité passée à l'état d'axiome de la *perfide Albion?*

Pas plus que vous je ne suis rassuré sur les habitudes traditionnelles de ce gouvernement et l'élasticité proverbiale de sa conscience politique.

J'en déduis l'obligation d'être constamment en garde contre ses menaces, ses offres et jusqu'à ses moindres insinuations. C'est l'éternelle histoire du cheval de Troie, dont il ne nous est plus permis d'être les dupes.

Voilà pourquoi je prêche, jusqu'à la nausée, l'augmentation et le perfectionnement de notre marine militaire, afin d'être en mesure de nous présenter en ligne, avec chance de remporter la victoire.

Conclusion : Si la Russie doit un jour faire alliance avec la France, — ce qu'il est permis de désirer, en tant que notre politique n'en serait point affectée ; — si l'Angleterre est, plus tard, par nous combattue à outrance, ce sera sur d'autres données et avec d'autres intentions que par le passé.

Quant à présent, nous n'avons rien de mieux à faire, — notre dignité et nos intérêts sauvegardés, — que de nous cramponner à l'alliance anglaise, en vue des événements futurs dont nous avons parlé plus haut.

Telles nous paraissent être la tendance et la volonté persévérantes du gouvernement impérial, que nous ne saurions trop remercier de sa patiente et courageuse longanimité.

IV.

LA POLOGNE.

Tout a été dit et écrit sur la Pologne, où l'on continue de se battre avec acharnement, souvent jusqu'à l'héroïsme, pour un but qui ne nous paraît pas clairement défini (1).

Que veulent ces braves Polonais, qui savent s'imposer tous les sacrifices et mourir pour une idée plus chevaleresque, peut-être, que raisonnée?

Ils veulent rompre leurs chaînes et reconquérir leur nationalité.

Quelles chaînes et quelle nationalité?

S'agit-il uniquement d'arracher la Pologne russe, — la plus considérable des trois, — aux exactions et à la

_____

(1) Cela était écrit dans le fort de la lutte, avant que la malheureuse Pologne recouvrât la paix... la paix des tombeaux.

cruauté de ses conquérants? C'est une rude tâche, et si, par un bonheur inespéré et des efforts surhumains, les nobles insurgés en arrivaient là, au travers des ruines et du sang, tout ne serait pas fini.

Il est clair que les Polognes autrichienne et prussienne ne tarderaient pas à se soulever, avec la ferme intention d'imiter la Pologne russe et le désir ardent de reconstruire à nouveau un royaume de Pologne revu, non corrigé et singulièrement affaibli.

Arrivée à ce résultat miraculeux et, il faut l'avouer, infiniment peu probable, la nouvelle Pologne devra commencer par s'entendre elle-même et faire fonctionner d'ensemble ses membres recousus.

Ce n'est pas une petite besogne. L'ancienne Pologne a péri, ce me semble, par les vices de sa constitution, et pour avoir manqué d'esprit de cohésion et d'unité. Quel lien solide pouvait rassembler en un faisceau gouvernemental les chefs d'une constitution qu'un seul *veto* détraquait à ce point de ne pouvoir plus fonctionner?

Mais supposons pour un moment ces obstacles surmontés, — ce qu'il est plus facile de désirer que d'effectuer, — il faudra que la Russie, l'Autriche et la Prusse, assistent de sang-froid et impassibles aux plébiscites de la Pologne régénérée, renaissant de ces cendres pétries dans le sang.

A qui fera-t-on accroire que ces trois grandes puissances, qui représentent à elles seules les trois quarts des forces militaires de l'Europe, y voudront consentir, alors qu'elles en seraient notablement amoindries?

Hélas! j'ai bien peur que celui qui a dit en mourant : *Finis Poloniæ,* n'ait été l'oracle de l'inflexible destin.

Il est vrai que d'éminents conseillers, qui ne comptent pas toutefois la prudence au nombre de leurs vertus civiques, poussent en avant la France, toujours la France, Don Quichotte ordinaire des entreprises hasardeuses, pour peu qu'elles offrent un côté chevaleresque, exhalant odeur de gloire.

Cette sublime extravagance eût charmé les ennemis de la France, très-disposés d'ailleurs à profiter de nos fautes, en les retournant contre nous.

Le jour où le gouvernement impérial donnerait dans un piége si grossier, sa position s'embarrasse et se gâte. A l'instant même se réveilleraient contre lui les éternelles accusations d'ambition, d'amour des conquêtes, de volonté mal déguisée d'envahir et de dominer par les armes l'Europe intimidée et naturellement coalisée de nouveau.

Le gouvernement, dont les vives sympathies pour l'héroïque Pologne ne sauraient être l'objet d'aucun doute, a fait tout ce qu'il était humainement possible de faire pour arrêter l'effusion du sang et cicatriser les plaies de ce noble pays.

Mais l'Empereur a déclaré en principe qu'il ne voulait agir que de concert avec l'Europe, dans une question tout européenne.

L'Empereur avait précédemment enfanté cette magnifique idée du congrès général des souverains, à l'effet de traiter et d'arranger diplomatiquement, à l'amiable et pour ainsi dire en famille, toutes les questions si compliquées, si enchevêtrées, si confuses, d'où peuvent sortir, suivant qu'on saura les interpréter dans un sens ou dans l'autre, la pacification ou le bouleversement de l'Europe.

La malheureuse Pologne et, plus tard, le Danemark, sympathique aussi à tant de bons esprits et de nobles cœurs, y eussent trouvé leur compte.

Espérons que ce projet si grandiose ne tombera pas dans l'eau. Le jour n'est pas éloigné peut-être où la pensée impériale sera reprise, aux applaudissements du monde civilisé, ou en train de le devenir.

En attendant, le sang coule à flots, les ruines s'amoncèlent. La faute n'en sera pas au gouvernement français, qui est et sera toujours disposé à reprendre en sous-œuvre et à féconder ses excellentes intentions.

L'Empereur, paralysé en quelque façon dans ses meilleures inspirations, par l'attitude froide et la force d'inertie que lui opposent les grandes puissances, en tête desquelles figure encore l'Angleterre, l'Empereur a dû se retrancher dans son droit, se replier sur les intérêts de la France. Tant que ces intérêts et l'honneur du pays ne recevront aucune atteinte, l'Empereur s'abstiendra et attendra les événements.

V.

LA CHINE.

L'expédition de Chine n'a pas manqué de soulever, comme les autres, de nombreuses critiques. Et, cependant, si l'Empereur s'en fût abstenu, on aurait dit que nous laissions aux Anglais le monopole du commerce de l'Orient, au grand détriment de nos propres affaires; qu'en nous retirant cette fois, ainsi qu'en agissant dans d'autres circonstances, nous ne savions jamais que marcher à la remorque des enfants d'Albion.

Voilà la logique et la justice des partis!

Le vrai de tout cela, c'est que l'Empereur a compris que, dans l'intérêt des marines militaire et commerciale et aussi en vue de la véritable civilisation, il importait d'ouvrir, même à coups de canon, les marchés lointains, et de préparer à la semence des meilleures doctrines politiques et gouvernementales ces immenses populations qu'une muraille ne dérobera plus aux investigations de l'Europe. En se joignant cette fois encore à l'Angleterre, la France a voulu revendiquer sa quote-part dans les avantages de l'expédition.

L'événement a répondu à son attente. L'armée française, comme toujours et partout, s'est couverte de gloire, avec une poignée de braves et dans des circonstances très-difficiles.

Les transactions commerciales et industrielles ont débuté sur une petite échelle, c'est vrai, mais patience ; le chêne et le Paris moderne, pas plus que l'ancien, ne sauraient arriver, en un court laps de temps, à perfection de croissance et de reconstruction.

Les entraves une fois brisées, ces peuples, qui se comptent par plusieurs centaines de millions et étouffent dans des espaces trop resserrés, quoique indéfinis, tendront à déborder sur le monde entier pour y chercher, par le travail, l'emploi de leurs forces exubérantes. Les voilà déjà, au nombre de trente à quarante mille, en Californie et sur d'autres points du globe. M. le sénateur Michel Chevalier, dans son excellent ouvrage sur le Mexique, estime que l'immigration chinoise peut devenir une source féconde de production, par le travail libre, principalement dans les terres chaudes, mortelles aux Européens non acclimatés. Laborieux, durs à la peine, patients, économes, les Chinois sont prédestinés peut-être à remplacer les noirs dans les travaux inabordables aux blancs.

Voilà, soit dit en passant, la meilleure réponse aux déclamations sans fin sur l'esclavage qui, en effet, craque de toutes parts. Cette perspective nouvelle, ouverte aux yeux de l'Empereur mexicain, ne sera pas fermée à ceux du gouvernement français, à bout de travailleurs appropriés, dans celles de nos colonies qui ne peuvent s'en passer.

VI.

LA COCHINCHINE.

Il ne s'agit plus ici de l'annexion douteuse de quelques provinces perdues dans l'immensité des mers de la Chine, mais bien de l'acquisition d'un royaume avec sa capitale, ses ports, ses rivières navigables, ses fortifications relevées, on s'en souvient, de l'ancienne domination française.

Cette magnifique conquête, opérée cette fois sans l'assistance louche des Anglais, nous ouvre l'entrée du Japon et de la myriade des archipels asiatiques.

Le concours momentané des Espagnols, intéressés comme nous à prendre pied sur les terres voisines de leurs possessions dans ces mers, fut accueilli par le gouvernement français et équitablement rétribué, suivant l'importance de la conquête.

Ensemble, — il serait injuste de l'oublier, — nous avons protégé, après les avoir vengés, les courageux missionnaires du catholicisme, ce grand civilisateur des nations attardées dans la barbarie.

VII.

L'ALGÉRIE.

La première et la plus importante de nos conquêtes fut assurément celle de l'Algérie, commencée au déclin de de la monarchie restaurée des Bourbons.

Le noble cœur de Charles X, ce roi chevalier, qui portait si haut l'honneur et le drapeau de la France, avait, sans se préoccuper de la prépondérance maritime de l'Angleterre, pris l'initiative de cette glorieuse entreprise, profitable d'ailleurs à tous les riverains de la Méditerranée, exposés comme nous, depuis des siècles, à l'oppression des forbans africains.

Les légitimistes pur sang se fâchent lorsqu'on laisse percer cette idée que Charles X n'eût point poursuivi sa conquête dans les dernières limites où nous la voyons

arrivée ; que le roi de France se fût contenté d'une ré-
paration mesurée sur les exigences de l'honneur et de
'argent.

S'il eût conduit à bonnes fins l'œuvre commencée sous
de favorables auspices, le roi aurait surpassé, à ce point
de vue, le renom de saint Louis, de Charles-Quint et de
Louis XIV. Ces princes essayèrent vainement, comme
on sait, de comprimer, sinon de supprimer radicalement
les attentats journaliers de ces écumeurs de mer.

Charles X, si on lui eût laissé le temps de poursuivre
son projet, aurait-il mieux abouti? Il est raisonnablement permis d'en douter, tout en réservant l'injustice
qu'il y aurait à déshériter ce prince de l'honneur de
l'avoir conçu.

Quoi qu'il en soit, l'œuvre fut continuée, moitié en
louvoyant l'espace de dix-sept années, moitié par l'action
vigoureuse du général Bugeaud et de grand nombre
d'officiers de tous grades, au nom du roi Louis-Philippe
qu'il faut oser louer de sa persévérance.

A l'avénement de Napoléon III, la question de conquête fut poussée à fond. Les âpres contrées de la Ka-
bylie, dont les Romains furent impuissants à s'assurer la
possession, durent céder aux efforts mieux combinés et,
il faut le dire, à la force destructive, inconnue aux anciens, de nos armes et de nos engins perfectionnés.

Désormais, la conquête de l'Algérie peut être consi-
dérée comme définitive, sauf les révoltes partielles et les

accidents sans nombre qui ont marqué et marqueront encore plus d'une fois notre occupation.

Ces révoltes sont devenues moins fréquentes et plus faciles à réprimer depuis la chute d'Abd-el-Kader.

Reste la grosse affaire de colonisation qui, sous le patronage de la France, ne peut être qu'une œuvre de haute civilisation.

Des tiraillements multipliés, des tâtonnements inévitables, ont entravé et retarderont maintes fois encore la transition d'autant plus difficile que les mœurs et la religion des vaincus sont plus en désaccord avec celles des vainqueurs.

Mais, à l'aide du temps et sous l'impulsion d'un gouvernement prudent et ferme, les difficultés finiront par s'aplanir et la conquête poursuivra son cours du nord au sud de l'Afrique ; en telle sorte qu'un jour à venir nous puissions tendre la main à nos autres colons du Sénégal, et plus loin, s'il y a lieu.

Parmi les agents civilisateurs qui, mieux que les baïonnettes et les canons rayés, sauront dompter ces populations à demi sauvages, il en est un que la science et l'art modernes font concourir, avec la diplomatie, à titre de miraculeux auxiliaire. Je veux parler de la puissance de faire jaillir, du fond des sables arides, comme Moïse du rocher, les sources abondantes d'eau potable, en même temps que les marais pestilentiels et stériles sont transformés, comme par enchantement, en terrains salubres et productifs; au moyen de quoi les zones fécondées du désert se relieront entre elles, comme autant d'oasis habitées.

Dans de telles conditions, l'Algérie ne peut manquer de devenir, — quand? je l'ignore, — une seconde France qui ne laissera point regretter à la mère patrie les périls affrontés, les obstacles laborieusement vaincus et les sacrifices accomplis.

Nos arrière-neveux nous devront *ces* ombrages.

Pour mon compte, je n'ai jamais, dès la première origine, douté un seul instant de l'immense avenir réservé à l'Afrique pacifiée. Les détracteurs de cette idée, s'il en est encore qui la condamnent, doivent être fort ébranlés dans leurs convictions d'autrefois.

En tête des services rendus à la France par l'Algérie, il y aurait aussi trop d'ingratitude à mettre en oubli ceux de 1848 et années suivantes, alors que l'anarchie, sous le nom de République, gagnait de Paris tout le territoire français. L'incendie se fût propagé, comme par une traînée de poudre, jusqu'aux derniers confins du pays, en menaçant l'Europe de son invasion.

Dieu sait quand et comment on eût pu l'éteindre, si l'Algérie n'avait gardé en réserve une bonne armée commandée par des chefs expérimentés, assez forts pour arrêter le mal à son début.

L'armée de la France, frappée, comme au contact de la torpille, d'un engourdissement subit, laissait passer, sans plus d'opposition, la révolution subversive.

Mais l'armée d'Afrique veillait. Elle accourut très à propos défendre l'ordre et le droit gravement attaqués au sein de la mère patrie.

Au nombre des chefs déjà célèbres appelés à la rescousse figurent, en première ligne, le général Cavaignac, qui sut, en déployant une mâle vigueur, étouffer l'émeute aux abords de Saint-Merry, et le général Changarnier, dont l'heureuse habileté eut cette bonne fortune de la couper en tronçons impuissants, par la seule force d'une savante stratégie, et sans répandre une goutte de sang.

Ce fut, à mon avis, l'une des plus belles pages de l'histoire militaire du général autunois. A la retraite de Constantine, il avait fait preuve d'un grand talent, d'une rare présence d'esprit, d'un ferme courage. A Paris, ce fut le tour de l'humanité qui ne voulut employer qu'à la dernière heure les moyens rigoureux, et épargna jusqu'à l'avarice le sang des guerres civiles; cette dernière heure ne sonna point.

Honneur, en passant, au brave général, éloigné prématurément des sympathies, comme de la gloire de l'armée! Puisse l'hommage obscur d'un concitoyen, vieux camarade d'enfance, faire battre une fois de plus son cœur généreux, au souvenir de sa propre vaillance!

On a dit, sans beaucoup de réflexion ce me semble,

que les officiers de l'Algéric avaient appris seulement la guerre d'embuscade et ne possédaient point le coup d'œil de ce qu'on nomme la grande guerre, la guerre des batailles rangées.

C'est une erreur aujourd'hui palpable, à laquelle d'illustres généraux ont donné, peu après, le plus éclatant démenti. Témoin le général de Mac-Mahon, la grande illustration de l'Autunois, promu aux titre et honneurs si bien mérités de maréchal de l'empire, duc de Magenta.

L'Empereur commandait en chef l'armée victorieuse à Magenta et à Solferino.

Et le maréchal de Saint-Arnaud, duc de l'Alma, qui mourut au champ d'honneur, après avoir organisé la victoire?

Et avant lui le maréchal Bugeaud, duc d'Isly? ce fut bien une bataille rangée, celle qu'il livra aux Marocains. Il n'y manqua, de son côté, que le nombre des soldats, qu'il lui fallut décupler par la valeur de ses braves, et les ressources de son génie inventif.

Et le maréchal Canrobert, dont la part fut si belle aux victoires de la Crimée et de l'Italie?

D'autres encore, dont l'histoire recueillera les noms et les hauts faits, pour les transmettre à la postérité.

N'hésitons donc pas à reconnaître que l'armée d'Afrique fut, aux journées de 1848, le principal, presque l'unique agent du salut de la France. Tous y firent leur devoir de soldat et de citoyen. Cette armée modèle fut le noyau de celles qui, sur les champs de bataille de la Crimée, de l'Italie et du Mexique, ont propagé la gloire irradiante du nom français.

Disons maintenant qu'il nous faut lutter, non d'hostilité, mais d'émulation avec l'Angleterre, afin d'égaler à la sienne notre puissance maritime, — le paradoxe n'est pas si énorme qu'on pourrait le croire au premier aperçu, — et de nous mettre en mesure de combattre, suivant l'occurrence, avec elle ou contre elle. Car ces deux mots résument assez exactement notre attitude à l'encontre de ces fiers tyrans des mers : guerre à l'Angleterre si elle prétendait nous écraser de sa supériorité maritime, aujourd'hui incontestable ; alliance avec l'Angleterre contre l'ennemi commun, dans un temps plus ou moins rapproché.

Voici venu, je pense, le moment de confesser ma marotte, poussée jusqu'à la monomanie, en ce qui concerne la marine, son développement rapide et son avénementdéfinitif, en France, sur une très-vaste échelle.

A ce propos, il me revient une anecdote, peut-être inédite, dont la moralité n'est pas sans quelque analogie avec la situation présente.

Le poëte Lemierre, bel esprit du dernier siècle, plusieurs fois lauréat de l'Académie française, avait enfanté un vers, un vers unique, qu'il appelait le *vers du siècle*.

Il en raffolait et ne manquait pas, lorsqu'il arrivait quelque part, d'en régaler les assistants :

Le trident de Neptune est le sceptre du monde.

On s'en moquait; les têtes carrées de l'époque n'admettaient pas dans l'auteur la double prétention de proclamer si haut la création d'une marine formidable, et de vulgariser son idée fixe par cette moitié de distique que l'on trouvait déclamatoire dans la forme et puérile au fond.

Et cependant le vers du siècle, du dix-huitième siècle, qui peut aisément s'adapter au dix-neuvième, renferme un sens profond qu'il conviendrait d'étudier sérieusement, au lieu de le dénigrer, avec plus ou moins d'esprit sarcastique. Ceux qui étaient et ceux qui pourraient être encore disposés à en rire, sans plus ample examen, me semblent méconnaître et avoir méconnu l'intelligence exacte des besoins, des aspirations légitimes et des vœux logiques de notre pays.

Louis XIV, Louis XVI et plus récemment le roi Louis-Philippe, pensaient exactement ce que rédigea, en termes concis, le poëte-académicien.

L'Empereur Napoléon III ne voudra pas assurément contredire, en ce chapitre, ses augustes devanciers.

L'Algérie aura sa place en bon rang au dénoûment du drame immense qui se joue simultanément dans les deux mondes.

Le dernier voyage de l'Empereur au sein de ces contrées splendides est l'un des événements considérables
de 1865. Il fixera les destinées de ce beau pays, en le
rattachant à la métropole par des liens solides.

Il s'agissait, en effet, de recueillir, par la meilleure
colonisation, le fruit de trente-cinq ans de victoires et de
sacrifices.

A qui demanderait, après cet acte récent de sa puissance souveraine, ce que l'Empereur a été faire en
Algérie, il pourrait être répondu : L'Empereur a voulu
y faire de la France ; oui, de la France gouvernementale
ou, si mieux aimez, gouvernable — et dynastique.

VIII.

L'ISTHME DE SUEZ.

Cette question éminemment française, en même temps que, par une heureuse coïncidence, elle favorise le progrès de la marine dans les trois parties de l'ancien continent, cette question a soulevé partout des passions contraires, autant que vives et persistantes.

L'Angleterre surtout, qui ne perd jamais une occasion de manifester son mauvais vouloir par tous les moyens que sait lui suggérer contre nous l'habileté peu scrupuleuse de son gouvernement, n'a cessé d'intriguer, avec une déloyauté manifeste, près des gouvernements de la Porte et de l'Égypte, dans l'intention avouée de nous entraver.

Jusque-là que le gouvernement anglais, occulte ou patent, a essayé de ressusciter cette vieillerie de la suzeraineté de la Porte sur l'Égypte, qu'il feint de ne pas croire suffisamment émancipée. Il se fait de cet anachronisme un argument qu'il dit péremptoire, contre l'existence et les droits de la compagnie (1).

Ici la question s'élargit.

Il ne s'agissait d'abord que de l'une des plus magnifiques entreprises qui puissent illustrer un siècle et faire passer à la postérité, sous les couleurs du glorieux et de l'utile, le nom si honorable de son auteur, le plus obstiné des industriels, M. le comte Ferdinand de Lesseps.

Bientôt à cet intérêt privé s'en joignit un autre de plus grande portée, intérêt national et de haute politique, étroitement lié aux plus chères aspirations de la France et aux splendeurs du règne de Napoléon III.

Dès lors l'auguste protection lui fut acquise, fortifiée de celle de S. M. l'Impératrice que M. de Lesseps, par un rapprochement heureux autant que vrai, a nommée l'Isabelle catholique de notre âge.

Dans de telles conjonctures, alors que l'honneur et les avantages matériels de la France sont en jeu, que sa politique extérieure en est affectée au point de vue multiple de la marine, de la guerre, de la paix, du commerce, de l'industrie ; que des capitaux français loyalement en-

(1) Cet anachronisme est bien digne d'un gouvernement qui, faisant allusion à nos désastres du quinzième siècle (1422—1431), intitulait encore ses souverains *Rois de France,* plus de quatre cents ans après en avoir été chassés.

gagés sont menacés de ruine, l'Empereur ne pouvait refuser son appui, — d'accord avec la plus scrupuleuse équité, — au percement de l'isthme de Suez, qui doit ajouter à sa couronne un brillant fleuron.

Comment en serait-il autrement quand cette entreprise, si elle pouvait être abandonnée ou suspendue, tomberait inévitablement dans les mains avides des Anglais, des Anglais qui convoitent l'Égypte tout entière, comme les États-Unis guettent l'île de Cuba, des Anglais qui se montrent en toutes circonstances nos ennemis jaloux? Allons donc! comme disait le Prince Napoléon dans le discours substantiel qu'il prononça à la réunion du 11 février 1864.

Ce jour-là furent démenties nombre d'assertions hasardées, pulvérisées maintes calomnies, réfuté plus d'un raisonnement captieux.

Ce jour là M. le procureur général sénateur Dupin vint prêter à l'œuvre le secours de ses irrésistibles arguments; le vieux Dupin, ce Brennus de la parole militante, qui pose au plateau de la balance le poids de son énergique bon sens, doublé de l'esprit gaulois le plus incisif, soit que, arme de précision à longue portée, il broie et émiette la carapace ennemie ou que, saisissant la massue d'Hercule, il aplatisse d'un seul coup, géant ou pygmée, le téméraire qui a osé le défier. N'a-t-il pas dit en parlant de l'Angleterre : « Ce gouvernement qui, pendant bien des années, a fait peur à tout le monde et qui, aujourd'hui, semble avoir peur de tous et de tout? »

L'achèvement de cette œuvre gigantesque aura pour résultat immédiat de compléter, en l'améliorant, la découverte qu'avait entrevue vaguement le roi de Portugal Emmanuel le Grand et que se chargea d'accomplir le génie de Vasco de Gama : à savoir la navigation continuée dans les mers de l'Inde, en doublant le cap des Tempêtes. La conception, si vaste qu'elle fût, se trouve aujourd'hui fort dépassée, quant aux résultats.

Éviter et, si l'on peut dire ainsi, brûler le continent africain, au moyen d'une section comparativement très-courte, c'est, pour les riverains de la Méditerranée, puis pour ceux de la mer Noire, une heureuse inspiration dont les effets, dans un avenir rapproché, sont vraiment incalculables. Ils seront immenses au point de vue de l'économie d'hommes, de temps et d'argent.

M. de Lesseps aura supporté tout ce que peut susciter de déboire et d'amertume la haine tracassière de nos éternels rivaux.

> Molto egli oprò col senno e con la mano,
> Molto soffri nel glorioso acquisto,
> E in van l'Inferno, *traduisez :* LES ANGLAIS.....

... Mais enfin M. de Lesseps, guidé par son propre génie que décuple la persévérance de l'homme désireux d'atteindre son but, après en avoir sagement mesuré la distance ; aidé par la coopération d'ingénieurs habiles et de très-intelligents collaborateurs ; M. de Lesseps viendra à bout de surmonter tous les obstacles et d'accoler son nom à l'une des plus belles et des plus fructueuses conceptions des temps modernes.

SECONDE PARTIE.

IX.

APPRÉCIATIONS GÉNÉRALES POUR SERVIR DE TRANSITION AUX CHAPITRES SPÉCIAUX.

Arrivé enfin à l'application des arts de la paix, que la science éclaire de ses lumières, il nous suffira de rappeler ici, comme points de repère, les principales entreprises publiques et privées, nées ou à naître, dont la réalisation nous conduira, par l'association, cette féconde épouse du crédit, à revendiquer pour la France le titre de professeur émérite. Notre patrie, sous ce rapport, n'a rien à envier à aucune nation.

Après l'isthme de Suez, et tout à côté, s'offrent à l'envi les entreprises destinées à accroître la sécurité, la richesse, la grandeur de la France.

6

En tête de celles qui se rattachent plus directement à l'action gouvernementale figurent, à titre de spécimens, les deux projets que voici; tous les deux empreints, à un degré supérieur, du cachet de la marine.

Le premier déjà élaboré, dit-on, au conseil d'État, consiste à créer un grand établissement à la fois militaire et commercial sur le Bas-Rhône, assez près du rivage méditerranéen pour être réuni à la mer par un canal accessible aux vaisseaux du plus fort tonnage, assez loin pour le mettre hors de portée des plus puissants projectiles.

Le second regarde la jonction des deux mers par l'appropriation du canal de Languedoc à la circulation des plus gros bâtiments de guerre et du commerce.

Il apparaît clairement, sans trop d'efforts d'imagination, que ce dernier perfectionnement ferait, au profit de la France, du détroit Ibéro-Marocain un en-cas, et du trop fameux Gibraltar une superfétation.

Au fait, l'idée de ces travaux grandioses n'a point le caractère de l'extravagance. La dépense comparée à celle des chemins de fer n'offre rien qui puisse inquiéter. Le principe d'association enfantera bien d'autres merveilles. D'ailleurs, comme on dit, en style de l'industrie, ces dépenses seraient productives de forts intérêts composés (1).

(1) Au reste l'exécution de ces projets, si séduisants qu'ils soient, doit être indéfiniment ajournée, eu égard à l'état des finances et à l'encombrement de ceux qui sont en voie d'enfantement plus pressé.

Mais pour atteindre si haut sur l'échelle du sublime et de l'utile, il nous faut la paix, la paix européenne telle que l'Empereur nous l'a promise et veut nous la donner.

La paix seule aura le privilége d'utiliser les forces vives du pays, en économisant sur la guerre les sommes fabuleuses qu'elle engloutit chaque année. La paix fera rentrer dans son lit le fleuve fécondant qui, par d'innombrables canaux de dérivation, porte en tous lieux la fertilité et la richesse.

Veuillez faire passer sous vos regards, en le déroulant avec une lenteur calculée, le tableau de toutes ces prospérités.

Voyez l'agriculture, ce premier des arts utiles, prendre un essor inconnu jusqu'ici.

Marcheront du même pied les opérations du commerce et de l'industrie, avec les arts d'agrément objets de l'imitation et de l'envie de tous les peuples.

Car les souffrances trop réelles que subit, dans une crise prolongée, le monde industriel et agricole seront transitoires. De meilleurs jours luiront bientôt qui feront oublier les mauvais.

Le temps est au surplus, avec les efforts persévérants, l'élément indispensable du succès. Le progrès, non plus que la liberté, ne s'improvise pas.

En ce qui concerne les entreprises lointaines et hasardeuses, auxquelles la nation n'est point suffisamment

préparée, nous sommes assez bien posés pour attendre.
Laissons faire à d'autres ce que, dans un avenir prochain,
nous exécuterons aussi bien qu'eux, peut-être mieux.

Témoin la création récente des paquebots transatlan-
tiques. Peu d'années se sont écoulées depuis que nos
propres ressources maritimes ont remplacé avec avantage
les bâtiments de la marine anglaise. Ce n'est plus par
Liverpool, mais par Saint-Nazaire et le Havre que nous
communiquons directement avec les rivages de l'Océan
américain. De même dans la Méditerranée, par Marseille
et pour le Levant. En cela comme en toutes choses nous
sommes sur la grande voie de l'émulation et du progrès.

Je suis assez peu touché de cette objection que les
mœurs françaises, et nos penchants natifs ou de l'éducation, ne nous incitent pas, à l'égal des Anglais et des Américains, aux voyages de long cours, dont ces nations se
font un jeu, même un plaisir, toutes les fois que leur
intérêt les y porte. Suivant nos contradicteurs le Français
n'aurait pas reçu le feu sacré du commerce et de l'industrie maritimes.

Je pense qu'il faut rabattre considérablement de ces
assertions magistrales. L'éducation en France se com-
plétera sur ce point, comme il est arrivé sur tant d'autres.
Il nous faut, encore cette fois, invoquer le bénéfice du
temps et d'une bonne direction gouvernementale.

En attendant ces résultats qui, tôt ou tard, ne sauraient
vous échapper, vous possédez en réalité la plupart des

biens qu'eût pu rêver l'imagination la plus féconde.
N'est-il pas vrai que toutes les nations, non-seulement
de l'Europe, mais de l'univers, affluent dans votre capitale, pour en admirer les merveilles, jouir de ses arts,
de ses plaisirs, consulter ses savants en toutes matières,
recueillir avidement les leçons de votre civilisation perfectionnée? Chemin faisant, ces avalanches de voyageurs
empressés et curieux versent chez vous les richesses
qu'ils ont amassées par le commerce maritime, ou de
toute autre façon. Ainsi se matérialise la fable que l'antiquité païenne se plut à orner de fleurs poétiques. Le
miracle imprudemment souhaité par Midas reçoit chez
vous son accomplissement, avec la prévoyance de plus.
Votre fleuve béni ne s'appellera plus la Seine, c'est le
Pactole qui coule dans vos murs (1).

Et voilà, électeurs de Paris, la situation merveilleuse
que, de gaieté de cœur, vous avez hâte de lâcher, pour
courir après l'ombre !

Permettez-moi d'appeler de votre jugement précipité
au jugement plus mûri que ne manquera pas de vous
dicter votre intelligence de sens rassis.

Eh quoi ! une souffrance d'amour-propre blessé, on
ne saurait dire pourquoi ni comment, l'emporterait sur
vos intérêts, sur les intérêts bien définis de vos familles,
sur la raison elle-même, cette raison que vous avez di-
vinisée !

(1) Voir la note finale en D.

Je ne peux le croire.

Déjà d'heureux symptômes se manifestent chez bon nombre d'hommes qui possèdent votre confiance et qui la méritent à tous égards. Ces hommes que leur position légale, leurs talents hors ligne, leur loyale attitude placent, du premier jet, au sommet de la discussion viennent de faire un grand pas vers la saine politique, en rompant, pour n'y plus rentrer, avec l'opposition systématique.

L'opposition nouvelle, issue des anciennes oppositions, en est l'expression consciencieuse. Cette opposition sortie de la minorité a la signification d'une révolution parlementaire. Elle rejoindra, dans un avenir plus ou moins prochain, la majorité, en s'y unissant par les plus honorables attaches.

Se posant de bonne foi en une attitude de franchise et de loyauté, la nouvelle minorité n'a pas acquis, lorsqu'elle se sépara de l'ancienne, le droit d'infliger à celle-ci un reproche de duplicité et de perfidie ; elle a pris la tâche de la convaincre sans l'insulter. Suivant les points de vue fort différents où ils se placent, les partis sont disposés à porter des jugements contradictoires, même opposés. C'est par la persuasion et non par l'injure que la minorité plus rationnelle parviendra à détacher, l'une après l'autre, les pierres de l'ancien édifice, pour s'en construire une maison mieux ordonnée.

A ce compte et le bon sens aidant, cette minorité au

berceau nous paraît avoir beaucoup d'avenir. Elle est appelée selon nous à compléter, par son concours, l'œuvre commencée de la conciliation.

Embrassant ses doctrines désormais victorieuses, vous marcherez, convaincus et repentis, vers le seul terme désirable de vos aspirations, en votre triple qualité de pères, d'époux, de citoyens. Vous rirez bien un jour, — sous cape et non sans quelque vergogne, — des erreurs dans lesquelles vous fûtes entraînés par surprise, et des piéges où vous avez failli périr.

Ces hommes d'élite vous enseigneront les tendances franchement libérales du gouvernement qui ne veut que vous éclairer, non vous asservir.

Avec de tels guides vous réfuterez sans peine le sophisme déduit du reproche d'égoïsme et de personnalité que d'aucuns sont tentés d'attribuer au pouvoir suprême.

Suivant eux l'Empereur ferait tourner au profit de sa gloire et de sa fortune individuelle les avantages dont la propriété exclusive revient au pays. Dans l'intention de se faire indispensable le souverain rendrait impossible toute autre combinaison de gouvernement et de gouvernant.

C'est une erreur qui prend son origine dans la confusion de ces deux mots, le souverain et l'État. On peut, à force de subtilité, distinguer par la pensée ces deux personnes qui, dans l'application, s'unissent étroitement au point de s'identifier. « L'État, c'est moi, » est et sera toujours, dans une foule d'occasions, la devise obligée du monarque, si garrotté qu'il soit au poteau de sa constitution.

Cavons au pis et supposons qu'en effet le chef de l'État s'efforce de concentrer dans sa personne et dans son gouvernement le prestige qu'il veut absorber sans partage. Mais c'est, dans la complexion des gouvernements grands, moyens et petits, une tendance tellement naturelle que l'on peut, sans trop de scrupule, la proclamer de bon aloi. Ce ne sont pas seulement les empereurs, les rois, les présidents de république dont la fantaisie se berce de telles prétentions. Suivez la liste très-longue des chefs militaires et civils, dans tous les grades, dans tous les rangs, dans tous les états et métiers, vous y découvrirez à chaque pas les mêmes préoccupations : *se faire valoir*. Descendez aux couches les plus modestes de la société, c'est encore la même chose. Je vous porte le défi d'indiquer une position sociale, une seule, exempte d'acquitter ce tribut (1).

(1) Ma cuisinière, qui est aussi ma gouvernante, me répète chaque jour, à mots très-peu couverts, que je suis bien heureux de l'avoir à mon service, et que si, par un accident quelconque, je venais à en être privé, je serais fort empêché pour la remplacer. Je l'écoute sans l'interrompre ni sourciller, d'abord parce qu'il y a du vrai dans son allocution, puis parce que je la sais bonne femme et que j'ai eu toute ma vie pour les bons cœurs un faible dont je n'espère plus me corriger.

Cessons donc de marchander au pouvoir la part, considérable il est vrai, des avantages qu'en vertu d'une
compensation peut-être nécessaire, mais à coup sûr rigoureuse, nous lui faisons payer si cher.

Le gouvernement par son initiative, — dont il aurait le plus grand tort de se dessaisir jamais, — travaille sans relâche à la reconnaissance de vos droits, au
développement de vos libertés compatibles avec les droits
et le libre arbitre dont vous l'avez investi. Cette large
prérogative reste unifiée au souverain en qui, par une
fiction constitutionnelle facile à saisir, vous l'avez concentrée, à la seule fin de la défendre contre les attaques
incessantes de l'ennemi commun, et de vous la conserver immaculée de toute souillure.

A l'abri de ce privilége le gouvernement accepte, non
sans votre intervention formulée par le suffrage universel, la tâche difficile de pourvoir à toutes les nécessités,
à toutes les utilités, à toutes les convenances, sans en
oublier une seule, à l'extérieur comme au dedans : sorte
de révolver politico-diplomatique, à tubes innombrables,
qui tient en réserve un coup amorcé pour chaque éven-
tualité de la défense ou de l'agression.

L'étonnement vous est permis qu'une cervelle humaine soit pourvue d'un si grand nombre de cases où
s'abrite, sans confusion, tout ce que la pensée peut concevoir, le jugement comparer, la volonté exécuter.

Vous possédez enfin un gouvernement réparateur des

maux de la patrie, guérisseur de ses plaies saignantes, dont l'unique pensée poursuit incessamment la réalisation de toutes les prospérités et de toutes les gloires réservées à notre pays. Pour atteindre ce but si désirable l'Empereur s'efforce, en toute persévérance, de parfaire la grande œuvre de conciliation, sans laquelle son gouvernement ne jouira jamais, en pleine sécurité, de la paix promise.

Sa Majesté l'Impératrice lui vient en aide. La voilà qui s'exerce, sous les auspices de son auguste époux, — il faut tout prévoir, même et surtout le malheur, — au rôle difficile de régente, que lui enseigne, de si haut et de si loin, la mère de saint Louis.

Le jeune Prince Impérial est à bonne école pour apprendre à régner... et à gouverner.

Ainsi se réalisera la magnifique transaction entre les grands pouvoirs de l'État et la nation dans son ensemble.

Or, qui dit transaction dit l'apport réciproque des concessions possibles.

On serait mal venu à soulever contre le gouvernement des exigences et des prétentions absolument incompatibles avec l'exercice de ses droits et l'accomplissement de ses devoirs ; à lui susciter des embarras, même sans intention de lui dresser des embûches.

La situation que certaines gens voudraient lui faire semble assez bien caractérisée par cette réflexion extraite

d'un journal quotidien : « Les gouvernements qui se
succèdent chez nous se trouvent, l'un après l'autre, en
face du même problème et sont tenus d'accomplir le
même miracle. Quel est-il? donner à tout le monde et
ne rien demander à personne, voilà le sphinx qui les a
dévorés (1). »

Et voilà le sphinx qui attendait son Œdipe.

L'Œdipe est trouvé. Si vous êtes sages vous accepte-
rez, en le corroborant de votre concours, le secours pro-
videntiel qui vous est offert.

_____

(1) *La France,* 28 avril 1864, signé Charles Aubertin.

X.

SUITE DU CHAPITRE IX.

Mais le pouvoir suprême, si influent qu'on le suppose dans son ubiquité, ne pourrait seul accomplir tant de bien, en lutte perpétuelle avec le mal.

Il lui faut le concours de toutes les forces dont le dépôt est demeuré entre les mains des honnêtes gens de toutes les opinions.

Au premier rang figurent le clergé catholique et les ministres de tous les cultes reconnus. Il serait injuste de contester à la grande majorité de ces hommes de bien la force des principes et l'honnêteté des intentions.

Pourquoi faut-il que de regrettables collisions, — qui ne sont peut-être qu'un long malentendu, — viennent s'interposer constamment entre le pouvoir civil et le pouvoir ecclésiastique !

Certes l'appui, on pourrait dire la protection du gouvernement impérial, n'a cessé d'agir efficacement en faveur du catholicisme, depuis le Saint-Père que l'Empereur a replacé et maintient sur son trône, jusqu'au plus humble desservant.

Il semblerait donc que le clergé, en retour de tant de sollicitude, de fatigues, de dépenses, — dont le chiffre fut maintes fois l'objet de récriminations par ceux qui supputent, sou à sou, les frais, sans s'inquiéter de leur moralité ; — il semblerait que le clergé dût s'empresser d'en témoigner, par son adhésion, la gratitude dont il a contracté la dette évidente aux yeux de tous.

L'État et le clergé se doivent une mutuelle assistance, sous peine, s'ils y manquaient, de s'amoindrir.

Et cependant la lutte continue avec un déplorable acharnement. Le clergé soulève journellement de nombreuses difficultés qui ne semblent pas à la veille d'être aplanies.

Serait-ce que le clergé, sous le mirage d'un fatal anachronisme, refuserait d'ouvrir les yeux sur l'état présent de la foi dans les masses?

En de si graves conjonctures sera-t-il permis au plus humble des raisonneurs laïques d'adjurer le Saint-Père et le clergé catholique, en telle sorte qu'un parapet soit posé devant l'abîme entr'ouvert, et le suicide conjuré?

Au reste le clergé, que j'honore profondément, aurait

tort de voir dans ma supplique autre chose qu'un avertissement. C'est le cri d'alarme d'un ami sincère, d'un
fils respectueux, à l'aspect du danger qui, dans son appréciation, menace le christianisme, sinon dans son
essence, du moins dans sa pratique journalière. Il faut
à tout prix retenir ce qui peut demeurer des croyances
religieuses, comme le médecin retient, par une inspiration suprême, la vie près de s'échapper avec le dernier
souffle.

Heureusement je ne suis pas le seul à crier gare! Ou
je me trompe fort, ou cet ordre d'idées a pénétré déjà,
même à Rome, dans l'esprit d'un certain nombre de
prêtres, d'évêques, de princes de l'Église; idées soumises, comme les autres idées, à la loi immuable du
progrès.

Loin de moi l'outrecuidance de conseiller, moins
encore de prescrire quoi que ce soit en matières si
ardues, que mon ignorance de ces matières me défend
d'aborder.

Mais assurément « il y a quelque chose à faire », de
concert avec le gouvernement laïque, et ce quelque
chose a le caractère de première urgence (1).

(1) Voir aux notes finales, lettre A.

XI.

L'EMPIRE, C'EST LA PAIX.

Voici venir le programme tant controversé et qui a donné naissance à une myriade de plaisanteries plus ou moins spirituelles, mais surtout fort injustes.

Comment! disait-on avec un sourire chargé de finesse et qu'on voulait faire malicieux, l'empire, c'est la paix, et, depuis qu'il est debout, la guerre est allumée, par nos incitations, sur tous les points du globe! Guerre de Crimée, guerre d'Italie, guerre en Chine et en Cochinchine et, pour combler la mesure, guerre du Mexique. Sans parler de l'occupation de Rome, qui cessera d'être pacifique, et des guerres très-probables avec l'Autriche, la Prusse, la Russie; l'Angleterre brochant sur le tout.

Oui, messieurs les frondeurs, l'empire, c'est la paix, qu'il fallait malheureusement acheter par les guerres que vous venez d'énumérer. Je vous ai dit plus haut les motifs qui ont poussé inévitablement l'empire et l'Empereur à ces cruelles nécessités.

Mais aujourd'hui que la France impériale est chargée de gloire militaire, comme le *collecteur* d'électricité ; aujourd'hui que toutes réparations sont faites aux sus·ceptibilités les plus ombrageuses, à la dignité de la nation, aux exigences de sa politique, à sa juste prépondérance parmi les plus hautes puissances de l'Europe ; aujourd'hui que, par notre assistance, les gouvernements sont, partout où il nous a été possible, mis en demeure de recouvrer leur indépendance attardée ou perdue, d'affirmer leur autonomie respective, il a convenu au souverain de mettre un temps d'arrêt à l'humeur belliqueuse de nos populations, si chatouilleuses sur le point d'honneur, si excitables à tirer l'épée pour le sauvegarder ou le venger.

Dans le désir de couronner son œuvre de conciliation par un dernier effort tendant, après celle de l'Europe, à la pacification universelle, l'Empereur produit, d'un trait de génie, le magnifique programme que vous savez : tous les souverains de l'Europe sont conviés à un royal congrès. L'Empereur leur offre à Paris une splendide hospitalité.

Là seraient débattus à fond les intérêts de tous et de chacun, sans s'écarter des principes d'une mutuelle équité. En telle sorte que l'effusion du sang fût arrêtée, et que la diplomatie se chargeât désormais de substituer ses inspirations fraternelles aux brutalités de la baïonnette et du canon.

Le mot de fraternité n'est pas ici hors de propos. L'Empereur Napoléon Ier ne regardait-il pas déjà, en prévision de l'avenir, l'Europe comme une grande famille, appelant du nom de guerres civiles les guerres entre les membres qui la composent? L'idée conçue vaguement et à titre philosophique par Napoléon Ier, Napoléon III la reprend en sous-œuvre et veut la traiter à fond.

Le premier résultat de cette conception hardie autant qu'heureuse, exécutée de bonne foi et avec la volonté d'aboutir, serait de diminuer de moitié peut-être le lourd fardeau des armées permanentes, et conséquemment de soulager d'autant les budgets surchargés, jusqu'à se rompre, du ministère de la guerre. C'est, d'ailleurs, après les examens approfondis de toutes les commissions passées et présentes, probablement des commissions à venir, la seule manière d'effectuer des économies qui ne soient pas taxées de dérision.

Eh bien! ce projet grandiose par l'esprit et par le cœur, ce projet qui saisit l'imagination sans laisser de prise à l'utopie, ce projet fut repoussé à l'instigation du gouvernement anglais, qui ne se lasse jamais de s'opposer au bien dont il n'est pas le légataire exclusif.

Cependant la gêne et bientôt la ruine menacent tous

7

les gouvernements. Serions-nous ramenés à la logique
du dicton populaire : « Battez-vous, échinez-vous, après
quoi vous vous expliquerez? »

Telle n'est pas la pensée de l'Empereur. Il entend que
l'explication précède la bataille et la fasse avorter, s'il se
peut. Ce ne fut pas à la légère et sans les plus mûres réflexions, — éclairées par son coup d'œil d'aigle à pro-
fonds horizons, — que l'Empereur arrêta cette détermi-
nation fertile en bienfaits inappréciables pour l'humanité
tout entière.

Les jalons sont posés avec autant de discernement que
de prudence. L'affaire viendra plus tôt qu'on ne le pense
généralement à parfaite maturité et, avec ou sans le concours de MM. Cobden et Bright, qu'il ne faut pas dédai-
gner; avec ou sans la coopération du gouvernement anglais, dont il est sage de tenir compte, l'idée prendra
corps et revêtira les formes du fait, au grand ébahissement des incrédules et des malveillants.

Alors, contraint par l'évidence, chacun sera forcé
d'avouer que le mot trouvé : « L'empire c'est la paix, »
n'était nullement dénué de sens et d'opportunité (1).

_____

(1) On prête à une charmante actrice, l'une des plus goûtées
du public délicat, un mot, en déshabillé de calembour, qui carac-
térise assez bien, par une légère entorse à l'orthographe, l'application réduite qu'elle en voulait faire à ses intérêts personnels.
Sur l'observation qu'elle se ralliait bien vite à l'homme éminent
qui prenait en mains les rênes du pouvoir : « Que voulez-vous? dit-

C'était la manifestation d'une grande pensée offerte en cadeau à l'avenir du genre humain.

Les organes avancés du libéralisme ne pensent pas au fond, sur ce sujet, autrement que nous. Ils appellent la guerre, dans l'intention apparemment de relever encore le prestige des armes françaises, d'asseoir plus solidement la prépondérance de la France et de dicter, de plus haut, les arrangements à intervenir. Mais ils ont l'intention et la volonté, sous peine de poursuivre un non-sens, d'arriver à la paix, l'état normal après tout des sociétés. Entre l'opinion de ces Messieurs et la nôtre, il n'existe qu'un tout petit malentendu. Ils disent : « Cela est à faire ; » nous répondons : « C'est fait. »

Si, en un sujet tristement grave, une légère dose de plaisanterie était permise, ne pourrait-on redire à ces éternels instigateurs de batailles, pour des causes qu'ils n'oseraient toujours avouer, ce que M. Jourdain adresse à ses maîtres de langue, d'escrime, de danse et de philosophie, en train de se gourmer : « Oh ! battez-vous tant qu'il vous plaira ; je n'y saurais que faire, et je n'irai pas gâter mon *habit neuf* pour vous séparer. »

elle, *l'Empire, c'est la paye.* » Mlle A. B. avait compris que l'Empire saurait, mieux que la République, payer les talents, l'esprit et les grâces exquises dont elle se montre prodigue en toutes occasions.

XII.

L'ÉCOLE DES GOUVERNEMENTS.

A ce début n'allez pas vous alarmer, mon vieil ami ; je ne veux que vous esquisser en courant la naissance des gouvernements, leur croissance, leur éducation, les formes adoptées et la raison des préférences ; laissant à de plus habiles la tâche de s'interner dans les détails.

Trois formes principales se sont disputé la direction des peuples à gouverner :

1° La monarchie pure, — *Rey neto,* comme disent les Espagnols, — issue, par une transition imperceptible, de la monarchie patriarcale. Elle dérive du régime paternel des temps primitifs, alors que le peuple, peu nombreux, se laissait gouverner comme une famille.

2° Le gouvernement républicain sans mélange, basé sur l'accord de tous les citoyens dans la promulgation et l'exécution des lois.

3° La monarchie mixte, qui participe des deux autres gouvernements, et adopte certaine pondération qu'elle croit favorable au développement de ses institutions.

De ces trois formes sont nées les nombreuses combinaisons successivement enregistrées dans l'histoire des nations.

La France, notre patrie, en était à la monarchie tempérée marchant vers l'unité, dans la lente traversée de quatorze siècles, lorsque la révolution de 1789 vint rompre brusquement cette progression, en changer les éléments, pour arriver à la situation présente.

Cette situation, il convient de l'étudier avec un soin minutieux, en tenant compte des difficultés extrêmes qui se sont multipliées sur la route depuis soixante-quinze ans; faisant la part rigoureuse, mais juste, des hommes et des choses, dont la lutte incessante et prolongée doit aboutir en définitive à l'apaisement. A d'autres encore ce rude labeur.

Dans le cours de ces soixante et quinze années, la France a essayé de tous les régimes qui commencent à la république la plus radicale, pour finir à la dictature, seule capable de rétablir l'ordre fortement ébranlé.

Les diverses nuances marquées par la république mitigée, d'un côté, et de l'autre par la monarchie du régime parlementaire, ont déteint sur tous les gouvernements qui se sont succédé à distances rapprochées.

La France en a suivi les phases, sans obtenir toujours

un succès complet, mais non sans utilité pour son éducation politique.

L'éducation des peuples se fait, à peu de chose près, comme celle des individus.

On aurait grand tort de croire que les essais, suivis avec tant de persévérance, du gouvernement parlementaire, n'ont porté aucun fruit.

Le régime parlementaire, que l'on peut apprécier diversement, a répandu la semence dont les germes fécondés projettent aujourd'hui leurs racines dans le sol raffermi. Le jour se fait peu à peu dans les questions précédemment obscures. Les principes élargis dans leurs bases se dressent avec plus de fermeté.

Mais du régime parlementaire au régime représentatif la distance est grande.

Le second empire aura su clairement définir et franchement pratiquer le gouvernement représentatif progressif, séparé, par une ligne de démarcation bien tranchée, du gouvernement parlementaire, — une brillante fiction qui ne représentait guère qu'elle-même.

Ce dernier se manifestait par une sorte de tournoi étincelant d'éloquence, dont les joutes solennelles obtenaient en prix les portefeuilles ministériels. En fait, sinon en droit, c'était là tout le gouvernement. C'est dans ce sens qu'on a pu dire avec quelque apparence de vérité : *Le roi règne et ne gouverne pas.*

Le gouvernement représentatif, né de l'empire, représentatif de tous les intérêts et de toutes les gloires, procède d'autre façon.

Il fait des ministres ses premiers conseillers, non ses maîtres. Il en suit les indications après les avoir jugées, et se les assimile, si elles répondent au sens intime de sa politique.

D'ailleurs, la pensée impériale ne se montre nullement rebelle aux inspirations raisonnées et raisonnables qui lui viennent de ce centre de lumière. Mais elle n'en subit pas invariablement le despotisme préconçu.

Le chef de l'État ne refuse point systématiquement les conseils, mais il ne les accepte qu'après les avoir passés au fin tamis de son exquise judiciaire.

Cette distinction une fois admise et la confusion dans les termes comme dans les actes n'étant plus possible, on voit pointer une véritable école du gouvernement représentatif, que les gouvernements étrangers ne manqueront pas d'imiter et de s'approprier, tôt ou tard, comme ils font du code Napoléon.

L'Europe, en attendant que le monde civilisé se mette à l'unisson, acceptera forcément, — suivant le tempérament de chacun, — toutes les péripéties de la révolution française, destinée, comme on sait, à faire le tour du globe dans les plis de son drapeau.

Puissent les autres nations n'en pas hériter les crimes et les malheurs!

XIII.

NÉCESSITÉ D'UN GOUVERNEMENT FORT ET UNI DANS LA PENSÉE DYNASTIQUE-NAPOLÉONIENNE.

Après avoir essayé toutes les formes de gouvernement, dans le cours des trois quarts de siècle écoulés depuis la chute de l'infortuné Louis XVI, jusqu'à celle du roi Louis-Philippe et de la dernière république, la France a dû s'arrêter à quelque chose et à quelqu'un.

C'était l'empire de Napoléon III inauguré par l'imposante affirmation de huit millions de suffrages dans lesquels ont figuré, avec une autorité péremptoire, la foule des sommités sociales, sans en excepter l'ancienne noblesse et le clergé presque tout entier.

Le second empire recèle en ses flancs toutes les conditions de gloire, de libertés, de prospérités, de bien-

être dont son action progressive saura, Dieu et le temps
nous venant en aide, doter le pays.

C'est le gouvernement du peuple, dans la plus large
acception du mot, depuis les couches les plus élevées
jusqu'aux plus infimes.

Gouvernement qui se résume, suivant une parole
auguste, dans l'acceptation de tout ce que les gouvernements qui l'ont précédé accomplirent de bien, d'utile,
d'honnête et dont il se déclare solidaire, dans ces conditions seulement ; rejetant le mal sur qui de droit.

A ces divers titres le gouvernement de Napoléon III
se fait le continuateur des rois Louis XII, François Ier,
Henri IV, Louis XIV, Louis XVI et des trois derniers
souverains de la branche des Bourbons, Louis XVIII,
Charles X et Louis-Philippe.

Héritier direct du consulat et du premier empire,
Napoléon III suivra les traces glorieuses de son auguste
auteur, en s'efforçant de réparer ses erreurs et ses fautes
qu'il voudrait pouvoir effacer jusqu'aux derniers ves-
tiges.

Cela compris, et sans mériter le reproche de plagiat,
l'Empereur a dû prendre des gouvernements précédents
tout ce qui lui a paru bon et surtout praticable.

En conséquence le programme du nouvel empire a
emprunté, en les modifiant suivant l'exigence des situations :

A la république, l'un de ses principes les plus hardis,

— que d'aucuns non privés de sens ont pu trouver téméraire, — le suffrage universel dans toute sa crudité ;

A la première restauration, les éléments de l'ordre, du respect des lois, une meilleure entente des finances, sous l'impulsion de M. de Villèle ;

Au gouvernement de juillet, l'avénement encore hésitant, néanmoins décisif, de la démocratie. M. le baron Louis fut aussi le propagateur d'une excellente méthode appliquée aux finances de l'État. D'autres célébrités s'y associèrent par le talent et par le cœur ;

Au régime parlementaire ce que le décret du 24 novembre a cru devoir sauver des discussions de la tribune, en tant qu'elles élucident les questions soumises à l'acceptation des deux grands corps de l'État. Le cadre en fut depuis considérablement élargi ; avec quelles chances de gain ou de perte? c'est ce que dira l'expérience.

Ces qualités et celles qui en découlent ou s'en rapprochent ne sont point l'apanage exclusif de tel ou tel de ces gouvernements. Tous les possédèrent à des degrés divers ; chacun d'eux fit de son mieux pour creuser son sillon dans le champ en culture et apporter sa pierre au monument national.

A l'étude approfondie de ces enseignements se rattache la Charte de 1852, que le président de la république déclara indéfiniment perfectible.

Mais ces éléments rapprochés, condensés, veulent être reliés solidement en un faisceau, de telle sorte que leur cohésion ne puisse être entamée. Il ne faut rien moins qu'une telle puissance d'agrégation, en présence des passions déchaînées et des symptômes, — trop évidents pour être contestés, de dissolution générale. La résistance doit être en rapport avec la force d'expansion, et la dominer, sous peine de voir éclater — et avec quels désastres ! — le nouvel autoclave chargé de vapeur indomptée.

La main prédestinée à faire cercle de fer, vous la connaissez, et n'en connaissez pas d'autre capable de la suppléer ?

Que cette main se hâte d'ouvrir, avant l'explosion, les soupapes de sureté, sans quoi tout serait perdu.

Tout sera sauvé puisque le génie et la sagesse de l'Empereur nous en répondent.

Que produira en fin de compte cette œuvre élaborée avec un soin si minutieux, conduite avec tant de patience et de longanimité, si ce n'est un gouvernement de juste milieu, qui serait peut-être mieux nommé gouvernement d'apaisement et de conciliation ?

Le juste-milieu, cette pierre philosophale de notre époque, a-t-il des chances plus ou moins prochaines de se révéler au grand jour en matière gouvernementale ? Nous l'espérons, si l'on admet sa synonymie avec la réconciliation générale ; — générale, non dans le sens absolu, c'est maintenant impossible, — mais au chiffre relatif d'une majorité irrésistible.

C'est à quoi s'applique visiblement l'Empereur dont les plus grandes sollicitudes sont tournées de ce côté.

La découverte du juste milieu n'est pas chose nouvelle. Avant M. Dupin, Pascal et l'auteur de l'axiome : *In medio stat virtus,* la pensée du juste milieu avait surexcité les méditations des plus savants philosophes.

Sans prétendre nous égaler à ces intelligences d'élite, ni même nous en rapprocher à cent piques, il y a plus de douze ans que nous osions écrire en haut lieu : « L'empire ne sera assis sur un solide fondement qu'après la réconciliation des hommes et la satisfaction des intérêts ; cédant à l'obligation de replacer la pyramide sur sa base, le gouvernement devra s'occuper, avec une égale affection, des sommités sociales et des rangs inférieurs. »

Au reste le juste milieu, qu'on a eu parfois le tort de tourner en ridicule, n'est, après tout, que la traduction de la sagesse appliquée aux gouvernements, dans leur action régulière ; c'est le calme après les oscillations produites par la tempête.

XIV.

LE CLERGÉ CATHOLIQUE.

Au nombre des collaborateurs appelés à cette œuvre
de patience, le clergé catholique figure en première ligne. Il est l'expression du sentiment religieux de la
grande majorité des Français.

Son antagonisme avec le pouvoir laïque constitue
l'une des plus grandes difficultés de notre époque.

Tandis que l'autorité civile obéit, sous l'influence
d'une force irrésistible, au courant des principes nés de
la révolution qui, bonne ou mauvaise, est un fait défi-
nitivement accompli, l'autorité religieuse s'obstine à lutter contre le torrent.

Mais en vain le clergé, par une tactique qu'il s'est
exclusivement appropriée, s'efforce-t-il de confondre les
raisonnements humains avec ceux de l'ordre surnaturel;
en vain poursuit-il de ses anathèmes les actes, les aspira-

tions et jusqu'aux moindres tendances qui se rattachent de près ou de loin à la nouvelle école, le coup est porté, la brèche est ouverte, en telle sorte qu'il n'existe plus de barrière religieuse ou civile capable d'arrêter le mouvement imprimé. Arrêtez donc de la main et du geste une locomotive lancée à toute vapeur !

Combien le clergé catholique n'eût-il pas été mieux inspiré s'il se fût, à l'exemple de ce qui se passe dans le monde laïque, emparé de l'arme de ses ennemis, pour la retourner contre eux !

Le clergé, en effet, peut revendiquer presque tous les progrès qui se sont accomplis dans l'ordre social, depuis la naissance du christianisme. Le christianisme a apporté, fécondé, développé le germe du libéralisme dont la génération présente se montre si fière.

Dans l'ordre moral, le christianisme fut le père de la liberté, par la destruction de l'esclavage et l'atténuation progressive de la servitude. Il favorisa la renaissance des mœurs épurées, adoucies, de la sensibilité raffinée, de tout ce qui fait cortége à la civilisation perfectionnée.

Dans l'ordre intellectuel, il engendra la science qui prépare le triomphe du travail manuel.

Enfin « tout ce qu'il y a de beau et de grand dans la civilisation chante, volontairement ou malgré soi, les louanges de la Religion chrétienne » (1).

(1) Belles et bonnes paroles de M. Michel Chevalier, sénateur, dans son livre : *le Mexique ancien et moderne,* page 569.

Il a manqué à plusieurs de ses ministres la vertu de tolérance pour les opinions tant soit peu discidentes; tolérance dont le Christ fut cependant le premier apôtre.

Au lieu de s'emparer de la civilisation par le progrès, le clergé aima mieux le répudier, en le maudissant du même coup. Ce fut, à mon avis, un très-grand malheur et une plus grande faute.

Et cependant le clergé catholique n'est nullement déshérité des meilleures qualités du cœur et de l'esprit. Il les possède à un degré éminent, et n'a rien à envier, sous ce rapport, aux intelligences les plus exercées.

En dehors des études théologiques qui lui sont spéciales, le clergé a su aborder toutes les autres avec une égale supériorité. Depuis les premiers éléments des sciences et des arts offerts en pâture à la curiosité de l'enfance, jusqu'aux sciences abstraites les plus ardues, mathématiques, physique, philosophie, histoire, chronologie, géographie, dissection patiente des langues anciennes et modernes, le clergé a tout appris, tout enseigné, tout appliqué.

Descendant, sans mauvaise honte, des hauteurs de la science aux détails élémentaires qui saisissent les fraîches imaginations de la jeunesse, le clergé se moule sur tous les âges de la vie, s'adapte à toutes les situations de la naissance et de la fortune. Il s'attache, avec une prédilection marquée, au pauvre dont il s'efforce de relever, en la moralisant, la condition déprimée.

Son caractère est tour à tour sérieux, grand, sublime, puis, par une transition à peine accentuée, humble sans bassesse, fier et délié sans astuce, gai, même jovial avec mesure et discernement. Il ne dédaigne pas d'aborder quelquefois la critique, voire l'épigramme vengeresse du bon goût (1).

Le tout, assaisonné de cet esprit de bon aloi que l'on est convenu de nommer l'*esprit gaulois,* peut-être parce que nos pères en faisaient un usage plus fréquent lors-

(1) Voici à ce propos une anecdote qui me fut contée par des gens d'avant la révolution, lesquels ne craignaient pas de semer çà et là, parce qu'ils en avaient ample provision, quelques bribes de ce franc esprit gaulois dont la source, malgré le rigide esprit de ce siècle gourmé, n'est pas entièrement tarie.

Le curé de Saint-Eustache pressait un riche financier, — un fermier général, ma foi ! — d'entrer dans son banc-d'œuvre en qualité de marguillier. Cette dignité de l'Église ou dans l'Église est souvent offerte à l'opulence vaniteuse qui n'a pas toujours de son argent un si honorable emploi. D'ailleurs l'Église prévoyante, dont l'habitude est de faire d'une pierre plusieurs coups, entrevoit à son horizon, cette fois borné à la sacristie, quelque chose comme une conversion. C'est toujours autant de gagné sur l'ennemi, Satan, notre ennemi commun.

Cette dignité, si on ne l'accepte, est ordinairement, lorsqu'elle s'adresse à un homme bien élevé, déclinée par un refus poli.

Tel n'était point le cas de notre Mondor, qui répondit brutalement : « Monsieur le curé, vous me proposez d'être marguillier ? j'aimerais autant être c..u. » —« Mais, Monsieur,» riposta le curé, du plus grand sang-froid, « l'un n'empêche pas l'autre. »

que, d'aventure, ils le rencontraient sur leur chemin ;
se gardant de courir après, par une manœuvre toujours
préjudiciable aux chercheurs d'esprit.

La gaieté est d'ordinaire l'apanage des hommes d'é-
glise qui trouvent dans l'expansion d'une hilarité, plus
souvent bienveillante qu'hostile, une sorte de compensation aux idées graves dont ils sont par état fréquemment
obsédés. Ils en opèrent le placement à titre de récréa-
tion. On dirait que la gaieté inconnue aux romantiques,
qui font profession d'avoir *toujours la larme à l'œil*,
habite de préférence la poitrine et le cerveau de ces
hommes modestes dans leurs allures, simples dans leurs
goûts, riches de droiture et de foi (1). Il est rare que la

(1) J'ai beaucoup fréquenté et aimé dans ma jeunesse un vieux
prêtre qui garda jusqu'à l'âge de quatre-vingt-cinq ans un fonds
d'intarissable gaieté. M. l'abbé D. B. P., ancien grand vicaire de
M⁇ de Puységur, archevêque de Bourges, beau prédicateur
fort recherché dans la société aristocratique, avait voulu, disait-il,
faire comme le bon lièvre, revenir mourir au gîte. Il parlait
ainsi de sa petite ville natale dans laquelle il retrouva les habitudes de ses jeunes années.

Un dimanche qu'il sortait de la messe paroissiale, serré dans
la foule compacte et ne pouvant cheminer que lentement, il se
trouva placé derrière deux matrones qui devisaient sur les mérites de saint Médard. C'était un 8 juin, jour consacré à ce saint
que l'on dit d'humeur assez maussade, à preuve que s'il pleut le
jour de sa fête, *il pleuvra quarante jours plus tard.* « Es-tu
bête, » dit l'une des commères, « de croire que saint Médard a le
pouvoir de faire la pluie et le beau temps ! En voilà un de préjugé
dont tu devrais bien te défaire ! Tiens, connais-tu le raisonne-

gaieté se plaise au séjour des cœurs corrompus et des consciences bourrelées de remords.

Fondant ses prétentions sur son existence mi-partie surnaturelle et terrestre, résolu d'ailleurs à confondre ces deux éléments, pour ne s'appuyer que sur le premier, abstraction faite de l'autre, le clergé catholique ne veut au fond reconnaître aucune juridiction civile, en matière ecclésiastique. Il s'indigne de ce qui lui paraît un empiétement sur ses droits et, de temps à autre, il rompt sa chaîne, secoue les liens dont il se croit garrotté et donne libre essor à l'explosion de ce qu'il nomme une sainte colère.

Alors interviennent, de la part de l'autorité civile poussée à bout, des plaintes, des réprimandes, des *appels comme d'abus,* en vertu de certaines prérogatives attribuées à l'Église gallicane et dont le grand Bossuet aurait pris l'initiative.

Le conseil d'État instruit l'affaire et, après maintes précautions multipliées jusqu'à la minutie, sur la forme et sur le fond, le conseil prononce un *blâme,* sans autre

---

ment? — Oui, dit l'autre. — Eh bien, je vais t'en faire un de raisonnement qui n'est pas piqué des vers. » Et portant l'index de la main droite sur le pouce de la gauche, afin de marquer le premier terme de son argument : « *Si le bon Dieu ne veut pas qu'il pleuve,* » et reportant le même index sur le doigt qui suit, pour indiquer le second terme, « *il se f...ra bien de saint Médard !* »

sanction pénale, contre les délinquants de haut parage, Nosseigneurs les évêques.

Le blâme bien et dûement appliqué avec les solennités d'usage, enregistré sur timbre, etc., Nosseigneurs reprennent, comme si de rien n'était, leurs errements, leurs prétentions, leurs exigences, fort peu soucieux du blâme et de qui l'a porté (1).

Cependant le souverain, qui sait apprécier à toute sa valeur cette fraction importante de la société française, la couvre partout de sa haute protection, à Rome, dans la personne du Saint-Père, en France, jusqu'au sein de la plus humble paroisse, à l'étranger tout au travers des peuplades barbares où des prêtres armés d'un courage héroïque s'en vont catéchiser les peuples ignorants ou

(1) Ceci me remet en mémoire une autre anecdote de l'ancien régime : certain cocher de fiacre appelé pour une peccadille devant la Cour du Châtelet, — chambre de police, — ouït M. le président prononcer cet arrêt : *Un tel, la Cour vous blâme.* Le cocher, mal édifié sur une pénalité dont il ne comprenait pas exactement la portée, demande, non sans inquiétude : « Monsieur le président, ça m'empêchera-t-il de mener mon fiacre ? — Eh ! non. — En ce cas, » reprend le cocher portant le pouce de la main droite à la commissure des lèvres du même côté, puis relevant les quatre doigts en aile de pigeon, par un geste familier aux gamins, aux troupiers et aux cochers de tous les pays, « en ce cas je m'en f... » — La Cour et les assistants partirent d'un éclat de rire homérique, l'audience fut levée et le cocher s'en retourna mener son fiacre comme par le passé. (La suite aux notes de la fin, en B.)

ennemis de la foi chrétienne, gagnant à ce jeu terrible
les palmes du martyre.

Que conclure de la persistance du clergé à suivre la
voie dans laquelle il s'est engagé, si ce n'est que la reconnaissance ne se peut compter toujours au nombre de
ses vertus ?

Hélas ! faudra-t-il une fois de plus, au sujet de cette
tête respectable de la société chrétienne, redire la désolante maxime arrivée à l'état d'axiome : L'ingratitude
est l'état normal du cœur humain. A très-peu d'exceptions près, la reconnaissance ne s'y glisse que par de
rares fissures et à dose homœopathique (1).

Nous relevons toutefois l'exception dans une lettre
du pape Pie VII de douloureuse mémoire. Le saint
pontife, attendri jusqu'aux larmes sur *l'influence mortelle* du rocher de Sainte-Hélène, écrivait : « Après
Dieu c'est à lui (Napoléon) qu'est dû le rétablissement de la
Religion dans ce grand royaume de France. La pieuse
et courageuse initiative de 1801 nous a fait oublier et
pardonner les torts subséquents. Savone et Fontaine-
bleau ne sont que des erreurs de l'esprit, des égarements
de la raison humaine. Le Concordat fut un acte chré-
tiennement et héroïquement sauveur.....

« Ce serait pour notre cœur une joie sans pareille que
d'avoir contribué à diminuer la torture de Napoléon. *Il*

(1) Voir aux notes finales en C.

ne peut plus être un danger pour quelqu'un ; nous dé-
sirerions qu'il ne fût un remords pour personne. »

Ces nobles paroles n'auront-elles pas d'écho au cœur
sensible et juste de Pie IX, et la piété filiale de Napoléon III, — qui n'a rien à se reprocher envers le pontife de
1865, — ne trouvera-t-elle pas grâce à ses yeux, comme
il advint de Napoléon Ier aux yeux du pontife de
1817 ?

Il n'est pas défendu d'espérer. L'espérance d'une meilleure entente entre les deux souverains de Rome et de
Paris est demeurée clouée au fond de la boîte.

Déjà quelques symptômes de bon augure se révèlent
chaque jour plus appréciables, chez un certain nombre
de prélats éminents, et même à la cour du Saint-
Père.

Peu à peu les rangs hostiles s'éclairciront au profit
des belligérants de l'autre côté.

Il n'y faut que de la persévérance, mais une persévérance à toute épreuve, — *labor improbus,* — et l'on sait
qu'il n'en manque pas dans les hautes régions gouvernementales.

> « Patience et longueur de temps
> « Font plus que force ni que rage. »

XV.

LA MAGISTRATURE.

A côté du clergé et sur le même plan se présente la magistrature. C'est aussi un sacerdoce commis à la garde de la justice et de la moralité générales du pays.

La magistrature étudie les lois civiles et criminelles dans leur ensemble et leurs rapports avec les droits et les devoirs de tous les justiciables. Sa règle est écrite dans les Codes dont il n'y a pas à s'écarter; sa mission est avant tout d'appliquer la loi.

La magistrature civile ne touche à la juridiction ecclésiastique qu'autant que celle-ci déborderait celle-là et qu'il en résulterait confusion et, par suite, trouble dans l'exercice régulier de ses hautes fonctions. Auquel cas elle ne peut tolérer un empiétement que tous les pouvoirs, — le pouvoir religieux comme les autres, — sont tentés fréquemment d'usurper à leur profit. Sentinelle avancée de la loi, la magistrature réprime toutes les infractions et sur toute la ligne, dont l'autre sacerdoce n'est pas excepté. Celui qui le premier a dit : La loi est athée, — mot fameux qui, examiné à la loupe, offre peut-être plus de creux que de plein, — celui-là s'est trompé, selon moi, en ce sens qu'il afficherait, au nom de la loi, l'absence de toute croyance religieuse. S'il a voulu exprimer la pensée de soumettre l'exercice de toutes les religions, de toutes les sectes au régime uniforme de la loi, il serait plus près de la vérité. A ce compte, il eût mieux dit : La loi est déiste.

Dans ses points de contact directs avec la nation et en regard des révolutions subversives qui la bouleversent périodiquement depuis plus d'un demi-siècle, la magistrature française a manifesté en toutes occasions l'amour de l'ordre et le respect de la loi. Comprenant mieux que personne l'exigence des temps et des circonstances insolites, elle a gardé, avec un zèle religieux, les droits de tous, sans oublier les devoirs de chacun.

Au milieu des péripéties suprêmes qu'a dû subir la France, la magistrature, par ses résistances courageuses et son initiative prudente, — alors qu'elle fut rigoureusement nécessaire, —a maintes fois sauvé le pays des plus grands malheurs. Elle fut, avec l'armée, son ancre de salut.

L'attitude ferme et digne qui se traduit, pour la magistrature française, en une série de bonnes œuvres, porte en soi, comme il est dit, sa meilleure récompense. Elle est payée de ses labeurs et de ses sacrifices par les respects de la France et les applaudissements du monde entier.

Raison de plus pour conserver pur et intact le feu sacré de ces Vestales modernes, — toute comparaison réservée avec les Vestales antiques, en ce qui concerne la différence des fonctions et celle de la dévotion qui y préside.

XVI.

LA NOBLESSE, LA BOURGEOISIE ET LES AUTRES COUCHES DE LA SOCIÉTÉ FRANÇAISE.

Il y a quelque deux cents ans que Boileau écrivait :

> La noblesse, Dangeau, n'est point une chimère.

On rencontrait donc, dès ce temps-là, des gens qui traitaient de chimériques les prétentions de la noblesse aux respects de la multitude, et qui en contestaient la valeur.

Ces gens avaient tort en ce sens que la noblesse, en France autant et plus qu'ailleurs, est généralement l'expression et la récompense des services publics rendus à la patrie, ou au souverain qui en est la personnification.

On distinguait autrefois la noblesse d'épée, celle qui s'obtient par les services militaires ; en second lieu, la noblesse de robe, à laquelle se rattachaient les noblesses diverses, gagnées par les charges de la justice et de l'administration. La première avait le pas sur l'autre, qui ne le lui cédait pas toujours de bonne grâce. En représaille, celle-ci était par celle-là, sinon conspuée, du moins tenue à distance.

Une troisième noblesse, légèrement entachée de bâtardise, était conférée à beaux deniers comptants, par l'État qui se trouvait aux prises, — la chose n'est pas nouvelle, — avec des embarras d'argent, des crises financières, comme on dirait aujourd'hui. On la désignait sous le nom ultra-vulgaire de *savonnette à vilains*.

Survint la noblesse de l'empire, dont les titres écrits sur l'épée victorieuse ont vieilli vite, de façon à marcher de pair avec les plus anciennes noblesses; comme ces vins généreux qui acquièrent promptement, par des procédés chimiques, le bouquet de saveur exquise obtenu seulement jadis par de longues années de bouteille.

Toutes les noblesses ont désormais leur raison d'être dans le baptême de sang, ou dans les services civils honorablement accomplis. Toutes, elles ont contracté l'obligation de placer les devoirs en regard des droits, de telle sorte que droits et devoirs obéissent, sous le même niveau, à une égale impulsion. La vieille formule « Noblesse oblige » est la sanction finale de la reconnaissance des uns et de l'accomplissement des autres.

En principe, ceux qui versent leur sang sur les champs

de bataille, en s'imposant des privations et des sacrifices de toute sorte, doivent primer d'assez haut les hommes, si habiles et si utiles qu'ils soient, dont le principal mérite consiste en des études spéculatives, des œuvres d'esprit, de génie, mais auxquels tout cela n'a coûté que le développement et l'emploi de leurs facultés intellectuelles, ou même de leur position fortuite de naissance et de fortune.

Je n'y voudrais qu'une seule exception en faveur du courage civil, plus rare peut-être que le courage militaire. Les sénateurs romains se faisant tuer sur leurs chaises curules ou, à des époques plus rapprochées de nous, les Matthieu Molé, les Lamoignon de Malesherbes, les Boissy-d'Anglas affrontant froidement la mort, pour la défense de la justice et du droit, me semblent avoir des titres à l'admiration de la postérité, égaux à ceux des Turenne, des Condé, des d'Assas, des de Saix et de tant d'autres dont la liste serait longue.

Voilà surabondamment de quoi justifier la conservation et la continuation des titres de noblesse. On ne voit dans de telles dispositions rien qui jure trop fort avec les idées et les mœurs actuelles. Car il ne faudrait pas s'y méprendre : la démocratie, dont l'avénement en France est récent, n'existe guère jusqu'ici qu'aux surfaces. Sous l'épiderme circule et circulera longtemps, sinon toujours, un courant d'*humeurs peccantes*, chargé, à outrance, de velléités aristocratiques.

Cela dit incidemment, convenons que le coup de fouet des titres nobiliaires peut être chez nous encore, et dans un avenir indéfini, d'un excellent effet.

Mais voici venir la contre-partie ; toute médaille a son revers.

Il arrive que l'*honorabilité* (1) n'est pas constamment héréditaire pour tous ceux qui, à tort ou à droit, portent très-haut leur blason. De temps à autre peut surgir, au sein des familles, quelque membre indigne, lequel, oublieux du fameux axiome, ternit, par des crimes ou des turpitudes, la gloire acquise des aïeux. C'est une fâcheuse intermittence jusqu'à présent inexpliquée, et pourtant observée maintes fois, comme on dit que, sans cause connue, la goutte saute une génération. Ici c'est l'honneur.

Il y aurait bien là de quoi rabattre quelque peu de l'orgueil héraldique dont se nourrit parfois la vanité du gentilhomme même le plus contesté.

En tout état de cause, gardons-nous de transformer en un mythe ce qui demeure un type précieux ; ne nous privons pas du gentilhomme, ce serait grand dommage.

Le gentilhomme accompli, tel que nous le concevons au dix-neuvième siècle, est l'idéal de la civilisation perfectionnée, entée sur une riche nature. Pourvu en venant au jour de tous les attributs généreux auxquels l'éducation,

(1) Néologisme, par son absence au dictionnaire, où le mot mériterait peut-être droit de cité.

— impuissante à créer quoi que ce soit, — ajoute en les développant les qualités et les vertus innées, le gentilhomme est brave jusqu'à la témérité, désintéressé jusqu'à l'oubli, quelquefois jusqu'à l'abandon de sa fortune propre. Dévoué sans réserve au culte politique et religieux qu'il a sucé avec le lait, le gentilhomme subordonne à sa noble passion les lumières de l'esprit, aux élans chaleureux du cœur la logique du raisonnement. Dans le cortége de ses mérites, la franchise et la loyauté sont à l'avant-garde.

S'il lui arrive, dans une occasion suprême, non de répudier, mais de transporter sa foi sur un autre élu de la Providence, c'est que le sacrifice lui en est commandé par la passion qui prime toutes les autres, l'amour de la patrie uni à l'amour de la famille, près de périr ensemble dans la tourmente, avec les débris du dernier naufrage.

Comme toutes les choses excellentes, une personnification si complète ne se rencontre pas toujours sans mélange, là où les hasards de la naissance et le concours de circonstances très-variées ont produit le gentilhomme. Ces couleurs brillantes ne sont pas l'ornement obligé de tous les blasons. En suivant les teintes dégradées qui séparent, sans les confondre, les races diversifiées à l'infini, nous arrivons insensiblement à ce dernier caractère que je serais tenté de nommer le gentilhomme-épicier.

Je commence par protester contre toute interprétation malveillante à l'endroit de cette dernière position sociale

qui, exercée dans les limites de la probité intelligente,
n'a rien à envier aux autres conditions, si élevées qu'elles
soient, de notre société soi-disant démocratique. Mais je
soutiens que l'accouplement de ces deux choses et de
ces deux mots doit engendrer plus d'une dissonnance
choquante ; ainsi qu'on voit en chimie des éléments de
nature bonne ou inoffensive donner, par leur combinaison, des résultats délétères jusqu'au poison, et récipro-
quement.

Le gentilhomme-épicier est le contre-pied et, pour
ainsi parler, l'antipode du vrai gentilhomme. Tout en
faisant parade de sentiments politiques et religieux de
l'ordre le plus élevé, il ne songe guère au fond qu'à ses
intérêts privés et aux soins de sa fortune. Les moyens
qu'il met en œuvre pour l'accroître sont loin d'être toujours irréprochables. On l'a vu parfois, — c'est grande
honte, — se faire accapareur et spéculer sur la faim.
Tirons vite le rideau sur une scène désolante.

La double moralité à tirer de ces réflexions, c'est que
les prétendants légitimes ou équivoques à la noblesse de
naissance, ou à celle d'origine récente, se doivent entre
eux une part mutuelle d'indulgence, et qu'il nous faut
honorer toujours, quelquefois admirer la noblesse de
cœur et de sentiment, avec ou sans parchemins.

Dans notre système progressif de gouvernement, système qui s'applique à toutes les conditions sociales, sans
en excepter une seule, il convient d'élever peu à peu et

si lentement que ce soit, par l'éducation, au niveau de
la noblesse de cœur et de sentiment les classes désignées
par les appellations de bourgeois, cultivateurs, négociants, industriels, ouvriers, fonctionnaires, employés
de toutes les catégories, sans repousser les pauvres hères
qui semblent condamnés aux plus humbles métiers.

Telle est dans son ensemble et au point de vue culminant l'œuvre de civilisation dans laquelle la noblesse a
son rôle prime-sautier.

XVII.

L'INSTRUCTION PUBLIQUE.

L'instruction que l'État doit à tous, suivant les besoins et les facultés de chacun, a été, est et sera toujours peut-être l'objet d'interminables discussions. C'est au temps et à l'expérience qu'il appartient de décider le meilleur mode par lequel seront distribuées utilement ces bienfaisantes largesses. Les hommes d'intelligence, de science, de talent dans toutes les classes seront les meilleurs juges de cette question épineuse. Ils ont qualité pour marcher en tête de la civilisation moderne retrempée dans les eaux de la révolution — progressive.

Les développements fournis, avec une désolante prolixité, au sein de la dernière assemblée législative (1864—1865) n'ont servi qu'à prouver surabondamment ces deux choses, à savoir les exigences toujours croissantes des partis avancés, en matière d'instruction primaire, et l'attitude ferme autant que digne du gouvernement qui démontre, par des faits nombreux et des actes irréfutables, son bon vouloir à l'endroit du progrès rapide, et son zèle persévérant à la poursuite des voies et moyens dans les termes du possible. Au fait on marche d'un pas accéléré vers le but proposé. Le gouvernement ne saurait aller plus vite, sans risquer de compromettre le succès par trop de précipitation.

Quant à la question incidente soulevée par le ministre lui-même, et saisie au collet par l'opposition, la question qui touche à l'instruction gratuite et *obligatoire* pour tous, elle apparaît en contradiction flagrante avec les principes de liberté individuelle, tels qu'ils ressortent de la législation.

Qu'est-ce en effet que l'obligation imposée au chef de famille, avec sanction pénale d'amende et de prison, d'envoyer ses enfants à l'école, lorsqu'il en veut disposer autrement, si ce n'est une atteinte à sa liberté, atteinte mal déguisée sous les apparences de la légalité? Quant à la gratuité,— appliquée à tous indistinctement, sans discernement ni mesure, elle ne tendrait à rien moins, — en serrant l'argumentation, — qu'à faire payer au pauvre l'instruction du riche ou de l'aisance. Une telle disposition est d'ailleurs en désaccord complet avec les mœurs de notre temps et de notre pays. Or on sait qu'une loi portée en dehors des mœurs est une loi caduque et sans avenir.

Il est possible qu'à d'autres époques, ou chez des nations encore voisines de la barbarie, alors que l'autorité gouvernementale forte et non contestée s'empare de ce moyen extrême pour forcer les populations à sortir de l'ornière de l'ignorance en toutes matières ; il est possible, dis-je, que ce procédé excentrique puisse être utilement mis en œuvre, avec quelque chance d'aboutir au moins en partie. Ainsi on a cité la Prusse et certaines autres contrées de l'Allemagne, à des époques déjà éloignées, et dans des circonstances fort différentes de celles qui nous commandent aujourd'hui. Ainsi l'on citera le Mexique qui compte en bon nombre des populations à demi sauvages. Mais ces exemples n'ont rien de concluant pour la France, qui se trouve placée dans des conditions diamétralement opposées. Ses aspirations vers la liberté sont absolument incompatibles avec des dispositions légales qui tendraient à l'entraver sinon à lui barrer le chemin.

Sachons donc nous arrêter devant des obstacles qui nous paraissent insurmontables. Favorisons par tous les moyens, — et ils sont nombreux, — dont peuvent disposer l'administration et les administrés, la propagation de l'instruction primaire. Par exemple qu'un prétendant aux fonctions de garde-champêtre ou particulier soit repoussé impitoyablement, s'il ne possède les premiers

éléments de l'instruction primaire. Mais gardons-nous
d'écrire dans nos codes une loi attentatoire à la liberté
raisonnable et à la vraie civilisation. Au reste le gouvernement qui, en cette occasion, lançait un ballon d'es-
sai, l'a si bien senti qu'il a reculé devant les raisons
très-plausibles alléguées par la grande majorité de l'assemblée législative.

XVIII.

LA PRESSE.

La presse et surtout la presse quotidienne, si elle est sagement dirigée et contenue, peut et doit exercer sur les masses la plus salutaire influence.

Que n'a-t-on pas dit et écrit sur la presse et sur la dose de libertés dont elle manque suivant les uns et qui, suivant les autres, est en excès? La presse quotidienne en particulier fournit matière aux appréciations les plus diverses, aux jugements les plus contradictoires.

L'autre presse qui embrasse la généralité des écrits paraît soumise à bien peu d'entraves, s'il en existe, depuis les excentricités de M. Proudhon, jusqu'aux énormités de M. Renan (1).

(1) Je n'ai pas lu le livre de M. Renan, et ne m'en soucie guère. Mais je suis, comme le premier venu, en droit de lui demander quel but il s'est proposé en l'écrivant; quel bien il a voulu faire et quel mal éviter? En sapant par la base le principe du christianisme, l'auteur qui est, dit-on, un savant de premier ordre, n'a pu

Je suis fort d'avis que l'on accorde à la presse quotidienne toute la liberté compatible avec le perfectionnement, ensemble la consolidation du gouvernement.
Mais là doit se borner son action. Quel jugement porter
d'une presse occupée, matin et soir, à démolir, sans
cesse ni relâche, toutes les bases de l'ordre public, toutes
les conditions d'un gouvernement sagement libéral? En
vérité la raison est confondue, comme dit M. Thiers,

ignorer qu'il bouleverse, de fond en comble, la religion du plus
grand nombre des Français.

Le christianisme a été, dix-neuf siècles durant, pour l'humanité
tout entière, fertile en inappréciables bienfaits. Il en est un qui
ne peut être suppléé par qui ni par quoi que ce soit. Je veux
parler de la consolation des malheureux en proie à l'une de ces
violentes douleurs qu'il est plus malaisé de peindre que de sentir.
On peut hardiment porter le défi de leur appliquer efficacement
un autre remède. N'y a-t-il pas un luxe de cruauté à priver les
affligés du seul recours possible contre les angoisses du désespoir?
Car si la foi religieuse est malheureusement refroidie dans les
masses, elle n'est pas éteinte partout. On la retrouve plus fréquemment que par le passé dans les rangs élevés et éclairés de
la société. Pour n'en citer qu'un exemple, le médecin religieux,
pratiquant ou non, n'existait guère, il y a cinquante ans, qu'à
l'état de mythe. Aujourd'hui la foi religieuse est l'apanage d'un
assez grand nombre de médecins, parmi ceux-là même qui sont
généralement proclamés les princes de la science. L'école de
Cabanis a fait son temps.

En somme il n'est pas impossible que M. Renan ait écrit un
livre remarquable au point de vue scientifique, critique et littéraire. Mais en regard de la morale éternelle de tous les temps et
de tous les pays, je n'hésite pas à dire qu'il a fait une mauvaise
action.

lorsqu'on voit des hommes d'une valeur gouvernementale incontestée insister pour que la presse quotidienne
sorte des limites au-delà desquelles il n'y a plus que le
chaos. On a peine à concevoir que M. Thiers, homme
pratique, s'il en fut, dans le maniement d'un gouvernement régulier, s'obstine à demander une extension là où
il y a peut-être surcroît de tolérance. M. Thiers parle-
rait-il de même s'il était appelé de nouveau à conduire
les affaires de son pays ?

Penserait-on avoir trouvé à la presse quotidienne un
frein suffisant dans la trente-septième ou trente-huitième
loi contre ses excès ?

L'expérience du passé a prouvé le contraire. Il est généralement reconnu que les débats devant les tribunaux,
loin de corriger le délit et d'en prévenir les retours, ne
font qu'accroître le scandale en le publiant. Que serait-ce
si, obéissant au désir de l'opposition avancée, l'affaire
était déférée au jury ? C'est pour le coup que cette opposition triomphante se ferait juge et partie. C'est bien
ainsi qu'elle l'entend.

Remercions la constitution impériale d'avoir décou-
vert, au moyen de l'*avertissement,* fort mitigé par le
communiqué (1), le seul remède efficace contre les débor-

---

(1) Le *communiqué* est à l'*avertissement* ce que l'*avis* — sans
frais — du percepteur est à la menace d'*exécution.* Celle-ci ne
plaisante pas et coûte souvent fort cher.

dements de la presse périodique. En voilà un principe
qu'il faudrait inventer, s'il ne l'était déjà, au profit de
la discussion rationnelle et raisonnable. Ce principe,
comme le drapeau tricolore, est destiné à faire le tour du
globe, en se moulant, bien entendu, sur les tempéraments si divers, les aptitudes et les besoins des nations.
Hors de ce principe on continuerait de tourner dans le
cercle vicieux où l'on se heurte incessamment aux impossibilités et à l'impuissance. Mais, dira-t-on, c'est de
la censure accolée forcément à une certaine dose d'arbitraire ; ce qui fait tache à la nouvelle législation. Arbitraire soit ; n'en faut-il pas toujours un peu, à titre de
défense et de protection, dans le jeu des gouvernements
les plus légaux, et le nôtre n'en use-t-il pas avec une
discrétion remarquable qui appelle l'éloge même de ses
adversaires les plus systématiques? Certains gouvernements réputés modèles en matière de presse s'en per-
mettent bien d'autres, et la Convention qui avait pour
censeur la guillotine ne se faisait faute d'arbitraire. En
résumé on pourrait proclamer cet axiome, que nul gouvernement n'est possible qui serait journellement battu
en brèche et démoli, pièce à pièce, par une pressse malveillante, sinon tout à fait hostile. Ceux qui me liront
et que leur position officielle empêcherait d'avouer tout
haut la justesse de ces réflexions, les approuveront
tout bas.

Concluons en déclarant que cette liberté, comme les autres, peut offrir de grands avantages, pourvu qu'elle ne dégénère pas en machine de guerre, et s'arrête sur le seuil des révolutions.

XIX.

LA LIBERTÉ.

Il en est ainsi de la liberté, dans un sens plus étendu. Qui n'aime la liberté? qui ne loge au fond du cœur le désir ardent de la posséder — pour soi, — fût-ce aux dépens de qui il appartiendra?

Car il ne faut pas se le dissimuler, l'amour de la liberté se confond trop souvent avec l'amour du MOI, ce MOI à qui nous dressons des autels, adorant dans sa niche saint Égoïsme, avec la litanie obligée : *ora pro nobis*.

Il en est du culte de la liberté comme de celui de la Providence dont chacun se fait, à son usage particulier, une divinité de ménage. Les plus honnêtes, — toujours les exceptions réservées, — sont ceux qui veulent bien permettre que d'autres en prennent leur part.

La liberté, cette manne céleste, veut être mesurée aux facultés digestives des peuples auxquels on la dispense. Tel estomac en peut supporter une forte dose, à tel autre il y faut plus de réserve ; à brebis tondue Dieu ménage le vent.

Le Dieu qui nous fait ces loisirs, à nous autres oisifs toujours empressés d'accepter le bien-être, sans remercier la main qui le donne, quelquefois en la mordant ; ce Dieu est visible dans la personne du chef de l'État, si attentif à doter la nation de tout ce qui peut lui procurer, après la gloire, la monnaie d'une prospérité inouïe.

L'Empereur est libéral, très-libéral ; — il n'est pas démagogue. — C'est un fait acquis à l'histoire et que nul ne peut raisonnablement contester. Seulement il invoque en toutes circonstances, d'une importance réelle, le bénéfice du temps dont le concours est indispensable, toutes les fois que l'on veut asseoir sur des bases solides les institutions destinées à la longévité.

L'Empereur vous a dit : « La liberté sera le couronnement de l'édifice. » Et vous n'accordez pas à l'architecte le temps de le construire.

Cependant les voies sont habilement préparées, la route est déblayée des débris surannés qui l'encombraient :

Liberté du commerce extérieur et intérieur, par les traités internationaux, les décrets, les instructions ministérielles ;

Liberté appliquée à toutes les industries, aux tran-

sactions de tout genre, aux spéculations de toute nature,
jusqu'aux arts libéraux inclusivement. Le tout n'est
qu'ourdi, amorcé, comme disent les redresseurs de rues.
Prenez patience, la fin couronnera l'œuvre.

Une seule liberté brille par son absence, celle que
vous nommez la liberté politique, qui vous permet de
faire, tous les douze ou quinze ans, une révolution subversive…. A la rigueur nous pouvons nous en passer.

A qui jugerait l'Empereur trop libéral, trop pressé
d'opérer les réformes, — d'ailleurs bien conçues, — que
le temps et l'étude patiente des questions politiques, sociales, économiques eussent naturellement accomplies,
sans efforts ni tiraillements, je serais tenté de répondre :
Etes-vous bien sûrs de n'avoir pas vous-mêmes, tous tant
que vous êtes, propriétaires fonciers et mobiliers, agri-
culteurs, négociants, manufacturiers, industriels, savants
pratiques ou seulement spéculatifs ; êtes-vous sûrs de
n'avoir pas provoqué, sans le vouloir apparemment, cette
précipitation dont vous gémissez sur un ton si lamen-
table ?

Si le chef de l'État eût rencontré chez vous, privilégiés
attardés, l'appui, le concert qu'il avait droit d'attendre
de votre mémoire, sinon de votre reconnaissance, il aurait peut-être ralenti le mouvement que vous trouvez
trop vif ; vous les lui avez refusés sous divers prétextes
assez peu plausibles, et vous vous étonnez que l'on cherche ailleurs le concours dont nul souverain, — un souverain nouveau surtout, — ne saurait se passer ?

L'Empereur doit à tous la justice fondée sur le droit. Il ne doit qu'à ceux qui les ont méritées par leur conduite équitablement sympathique, les faveurs spéciales de sa protection.

Ne vous en prenez donc qu'à vous seuls des mesures un peu hâtées que la sagesse du souverain eût sans doute ajournées, si votre attitude d'opposition , passablement rogue et taquine, n'en eût accéléré, — dans l'intérêt général après tout, — la prudente initiative.

XX.

LES ÉLECTIONS.

Nous allons toucher à un sujet vaste dans son ensemble, plus vaste dans ses détails, et qu'il est malaisé, — disons impossible, — de traiter à la satisfaction de tout le monde.

Force nous est cependant de l'aborder, sous peine de laisser derrière nous une lacune bientôt creusée en un précipice infranchissable.

Lorsque l'Empereur adopta le suffrage universel pour y poser la première pierre de son gouvernement, il fit, sur la grande route de la République, le pas de géant le plus hardi que puisse essayer un souverain résolu d'ailleurs à demeurer, envers et contre tous, dans les voies de la monarchie constitutionnelle, vraiment représentative des besoins et des aspirations d'un grand peuple.

Plusieurs bons esprits ne crurent pas, de prime abord, à la réalisation pratique d'un dessein si grandiose. Ils redoutaient la fougue et les entraînements d'une nation mobile, souvent inconséquente, qui, franchissant d'un bond les bornes posées, transformerait en un casse-cou politico-social le programme de la nouvelle constitution.

L'événement s'est chargé de réfuter ces arguments et de prouver que le Maître ne s'était pas trompé, malgré les difficultés extrêmes de l'exécution, et nonobstant l'opposition systématique des partis.

Contre ces assertions, il ne faudrait rien conclure des résultats obtenus dernièrement à Paris, et dans quelques autres grands centres de population, où des adversaires habiles, rompus à ce genre d'escrime, ont su faire bouillonner les passions très-excitables des masses. Ils se sont fait une arme de guerre de ces masses compactes et égarées. A l'aide de quels moteurs? on ne le sait que trop.

Que la cohue des électeurs ignorants des choses de la politique se laisse entraîner par des instincts grossiers, par de fallacieuses promesses, il n'y a rien là que d'assez naturel.

Mais immédiatement au-dessus de cette première couche, — la première par en bas, — il en est plusieurs autres qui devraient recevoir l'impulsion de pensées et de sentiments meilleurs.

Leurs intérêts, aussi considérables que variés, s'y trouvent engagés avec ceux de l'État, qui n'en sont que l'expression, et, pour ainsi parler, le reflet.

Ces intérêts de chaque jour, de toutes les heures, conseillent l'affermissement du gouvernement, le maintien rigoureux de l'ordre, par l'exécution constante des lois. Ils exigent une sécurité complète, confiante dans l'avenir comme dans le présent; certitude morale et matérielle d'un temps d'arrêt définitif dans l'explosion quasi régulière des révolutions.

En l'absence de telles garanties , il n'est pas de projet, de spéculation quelconque, qui ne soient menacés à l'avance de ruine ou d'avortement. Mêmes craintes pour la conservation, l'amélioration, la plus-value des biens, meubles et immeubles, acquis ou à acquérir.

De quels éléments se compose cette masse imposante d'électeurs, les seuls qui, à vrai dire, pourvus de discernement, d'intelligence, d'esprit de conduite et de prévision, aient qualité pour choisir le député qu'ils chargeront de soutenir leurs intérêts moraux et matériels?

Ils comptent, dans leurs rangs nombreux et serrés, l'ouvrier laborieux et rangé, le marchand détaillant, comme le négociant en gros, l'artisan de toutes les catégories, — l'artiste de tous les étages. On y voit figurer les propriétaires fonciers et mobiliers, le rentier, le bourgeois, le noble, les ministres des cultes reconnus, la magistrature, l'armée, les fonctionnaires de tous les grades et de tous les appointements, en retraite ou en activité, riches et pauvres, illettrés et savants.

Le luxe s'y pavane avec complaisance sur le premier plan.

Le luxe ! qu'il me soit accordé d'en dire en passant quelques mots.

Le luxe est l'objet de maintes récriminations qui ne me paraissent ni justifiées, ni entièrement justifiables. On l'accuse d'une foule de méfaits dont il est parfaitement innocent, et, en conséquence d'un jugement préconçu, on le condamne impitoyablement sans l'entendre, ainsi qu'il arrive de ceux qu'un mot d'ordre accepté sur parole refoule au fond de l'oubliette réservée aux proscrits.

Et cependant le luxe a le droit, le devoir et les moyens de se défendre ; que dis-je ? de triompher de ses adversaires qui ne sauraient point s'en passer.

Le luxe est, à proprement parler, l'âme des civilisations avancées. Prodiguant à ses adorateurs le trésor de ses jouissances, il enrichit les grands producteurs et donne à vivre aux petits. Il fait, comme on dit vulgairement, aller le commerce dans toutes ses ramifications, et, de proche en proche, alimente une multitude de familles.

Sous l'égide d'un gouvernement bienveillant sans faiblesse, encourageant sans surexcitation, le luxe étend paisiblement ses racines sous le sol de Paris d'abord,

puis des autres centres plus ou moins importants de la
population, pour, en dernière analyse, se ramifier indéfiniment dans les moindres bourgades.

Supposons, pour un instant, beaux Parisiens, char-
mantes Parisiennes, et vous tous et toutes qui, dans les
provinces et à l'étranger, gardez votre part des brillantes
qualités, comme des convoitises de Paris, — la grand'-
ville, — supposons que, sous la baguette d'une fée gro-
gnon quelconque, le luxe disparaisse tout à coup;
quelles destinées, bon Dieu, seront les vôtres ! que
de regrets amers, de pleurs et de grincements de
dents ! Mieux vaudrait cent fois que le soleil voilât
sa face radieuse, ou même disparût tout à fait. Ses
rayons ne subiraient pas la honte d'éclairer de tels désastres.

J'entends dire : « Il faudrait du moins que le luxe ne
fût accessible qu'à ceux qui peuvent le payer. » Voilà, je
vous l'avouerai, une question de détail qui ne mérite pas
de vous arrêter un seul moment. Tant pis pour ceux et
celles qui, mesurant mal leur amour du luxe à leurs facultés pécuniaires, se ruinent à sa poursuite, au risque
de ne l'atteindre qu'à demi, ou pas du tout.

D'ailleurs, chercher à restreindre, par une sorte de loi
somptuaire, le développement normal du luxe, serait
agir à contre-sens de toutes les idées reçues en matière
d'impôt; lui créer des entraves, c'est le tuer. Si le luxe
constitue une plaie, cette plaie est inhérente à la nature

humaine en général, et, en particulier, à l'état présent de notre société ; comme un de ces exutoires que l'on est contraint, sous menace de mort, de garder à titre de dérivatif.

Revenons aux élections dont cette digression ne nous a pas écartés autant qu'on pourrait le croire. Elle s'y rattache, au contraire, par des liens étroits, ainsi que la moindre réflexion vous en pourra convaincre.

Voilà donc les électeurs bien et dûment avertis de ce qu'ils ont à faire pour la conservation et l'accroissement de leur bien-être, tout en favorisant la marche du progrès possible ; sans préjudice, bien entendu, de la gloire, de l'honneur et de tous les accessoires du spiritualisme national qui, là comme toujours, doit primer la matière.

Ils savent, à n'en pouvoir douter, que le présent et l'avenir de leur existence politique et de la vie matérielle sont, en grande partie, dans les mains du gouvernement sage, patient, libéral qu'ils se sont donné ; qu'un seul fil arraché violemment à la trame de ce tissu serré l'expose à être déchiré en loques ; qu'au premier retour sérieux du désordre et de l'anarchie, la confiance disparaît tout à coup, et avec elle le crédit ; conséquemment tous les moyens d'action, en vue des affaires et des transactions de tout genre.

Le crédit est le père nourricier de toutes les entreprises commerciales, industrielles et autres. Il repose, à vrai dire, sur une fiction, mais une fiction féconde en belles et bonnes réalités (1).

Tarir la source du crédit, c'est tuer la poule aux œufs d'or, et vous savez la moralité de la fable ; c'est renverser du même coup l'édifice de votre bien-être, de vos jouissances, et ajourner indéfiniment l'exercice de la liberté qui ne fait que poindre et ne demande qu'à grandir à l'ombre du drapeau tutélaire. La liberté, on ne saurait trop le redire, n'habite pas aux lieux troublés par les révolutions. Il lui faut, pour respirer à son aise, l'atmosphère calme de la prospérité publique et de la paix.

Vous allez croire, bonnes gens, que, mus par des considérations si limpides, auxquelles cent autres, d'égale valeur, pourraient être ajoutées ; vous allez croire que MM. les électeurs, sous l'empire du raisonnement accessible au premier venu non absolument privé de sens, vont se rendre à l'évidence et nommer d'enthousiasme, qui ? les hommes honorables sortis de leurs rangs, enrichis du labeur commun, intelligents des devoirs et des droits de tous et de chacun, présentés à leurs suffrages par le gouvernement qui les a étudiés, épluchés et se rend garant de leur moralité comme de leur patriotisme éclairé ?

(1) M. Émile Pereire, dans un discours récent, dit du crédit : « Cet instrument des temps modernes comparable au point d'appui qu'Archimède demandait pour soulever le monde. »

Que si certaines susceptibilités trop fréquentes parmi d'honnêtes gens issus de la même origine, nourris du même pain, chauffés au même soleil et aux mêmes fourneaux, éloignent le corps électoral de quelques-unes des personnalités recommandées, il en choisira d'autres dans des conditions analogues, également sympathiques aux gouvernés et aux gouvernants.

Point; le corps électoral veut par-dessus tout faire de l'opposition et *donner des leçons au pouvoir.* Voilà le grand mot lâché ; des leçons au pouvoir !

C'est sous l'influence de ce mot magique que la branche aînée des Bourbons, livrée à la désaffection de la garde nationale, est tombée du trône ; que la branche d'Orléans, moins distancée des courants politiques et populaires, — elle avait accepté la révolution et son drapeau, — a dû périr de même. Des hommes d'infiniment d'esprit et de talent, mais aveuglés par de vaines utopies, n'avaient-ils pas allumé le réchaud des *banquets patriotiques*, dont le résultat trop prévu par les gens de sens rassis a été ce qu'il devait être, le renversement du trône de Juillet (1)?

Ce fut l'*obligation* de donner des leçons au pouvoir

(1) Un de ces hommes d'élite, qui a joué un rôle important dans les assemblées délibérantes de cette époque, et dont je me garderai d'écrire ici le nom, disait, en parlant du roi Louis-Philippe : « Nous lui avons mis sur la tête une couronne de carton, que nous briserons quand il nous plaira. »

qui inspira les électeurs de novembre 1863, et ceux de mars 1864. Elle les entraîna dans les voies de fronde dont le caractère parisien semble entiché.

Dans le même esprit, l'élection de mai fit éclore deux députés que nous avons lieu de croire fort honnêtes patriotes et excellents citoyens, mais qui figurent comme drapeaux à l'usage des donneurs de leçons.

Que si plus tard ils avaient besoin d'écrire sur ce drapeau des noms plus significatifs, ils les feraient sortir de l'urne. Serait-ce que des instincts sanguinaires se sont emparés tout à coup de ces natures bénignes? Rien moins; jamais les mœurs ne furent moins tournées à la férocité, et je sais bon nombre de ces électeurs qui détourneraient les yeux pour ne pas voir saigner un poulet, ou couper le cou à un canard.

Et c'est le peuple le plus spirituel de la terre qui se livre, comme en jouant, à de telles aberrations !

Il faut avouer que la logique ne fut pas son étude favorite.

Est-ce à dire que les électeurs doivent accepter aveuglément les candidats patronnés par le gouvernement? En aucune façon; les électeurs ont conservé leur libre arbitre, ainsi que l'ont prouvé surabondamment les dernières élections. Seulement il leur faudrait dégager, —non pas l'inconnue, rien n'est moins inconnu que la voie à eux tracée par le bon sens, — mais le principe fondamental de la Constitution et de la dynastie.

La dynastie napoléonienne ne peut plus être remise en cause.

C'est en agissant ainsi que l'Angleterre, dont on nous vante à tout propos l'exemple, au sujet de la liberté politique, — sans avoir égard à la différence des situations, — est parvenue à fonder un gouvernement stable. Le peuple anglais est profondément attaché à ses souverains et les considère, à juste titre, comme les meilleurs gardiens de ses libertés. En Angleterre, il n'entrerait dans la tête de personne de changer la dynastie telle que l'ont consacrée près de deux siècles d'existence.

La nôtre est plus jeune, mais elle vieillira pour le bonheur des générations qui viendront après nous.

C'est dans cet ordre d'idées qu'il nous faut désormais persévérer. Affermissons, au lieu de l'ébranler sans cesse, le gouvernement sorti, par une faveur marquée de la Providence, du suffrage universel.

Hors de cette Église point de salut.

XXI.

L'OPPOSITION.

Quant à l'opposition, elle est utile, j'ai voulu dire nécessaire, indispensable, à la condition de respecter les
pouvoirs établis et acclamés par le plus grand nombre.
Elle peut et doit donner de salutaires conseils, sans battre en brèche le gouvernement sur le dos de ceux qui
ont mission de le défendre.

L'opposition,— produit net des dernières élections,—
est très-variable et mobile dans le nombre, le caractère
et les tendances de ses membres. Suivant les impressions
reçues et la nature des causes plaidées devant elle, l'opposition grandit ou se rapetisse, en raison directe du peu
d'homogénéité des éléments qui la composent.

D'ailleurs elle n'est rien moins que stéréotypée dans
l'idée fixe dont quelques-uns semblent possédés. Il en

est, et des plus remarquables par leurs talents oratoires, qui, obéissant à la voix de leur conscience, font mine de se rattacher franchement et loyalement à la cause nationale par excellence, à la cause dynastique.

La grande figure de cette fraction de l'opposition qui consent à raisonner ses jugements est celle de M. Émile Ollivier. Cet honorable a osé écrire (date du 15 mai 1864) à l'un de ses anciens coreligionnaires politiques : « Ni approbation systématique, ni opposition systématique; » refusant ainsi le parti pris par avance, et sans examen préalable, de condamner quand même et toujours.

A tout prendre et compensation faite, il nous semble que l'opposition n'a point trop à se vanter, dans la composition de la nouvelle Chambre comparée à l'ancienne, de l'augmentation numérique de ses partisans. Cette augmentation, plus apparente que réelle, est, de compte fait, assez insignifiante. Qu'importe en effet que sur une asemblée de deux cent quatre-vingt-huit membres, on compte, au-dessus des cinq, un plus grand nombre de dissidents? Ce qui importe beaucoup, c'est que l'opposition, élastique suivant les circonstances, ait perdu son homogénéité. Les cinq manœuvraient comme un seul homme, tandis que les treize, jusqu'à soixante et au delà, ont perpétuellement vacillé sur les questions soumises à leurs discussions. Ajoutons, pour être juste, que ces variantes notables dans le chiffre de la majorité et de la minorité attestent la double indépendance des députés à l'endroit du gouvernement et de ceux dont ils sont les mandataires.

L'accession de M. Émile Ollivier fut un événement considérable ; elle ouvre, sur un avenir prochain, des horizons très-rassurants. La sagesse prévoyante du gouvernement fera le reste.

Il faut conclure de ce qui précède que l'entrée à la Chambre élective de deux hommes supérieurs appartenant à d'autres temps et à d'autres opinions ne fut point un malheur public. Loin de là, ce fut un coup de fortune. La France empruntera à ces hommes éminents ce qu'il y a de bon, d'excellent dans leurs natures privilégiées, que rehausse l'éclat de leurs qualités parlementaires et gouvernementales. Elle laissera le surplus à la charge de leur propre conscience. Nos prévisions à l'égard de ces deux hommes n'ont pas été démenties d'un iota.

Le premier possède à un degré merveilleux ce que je nommerai l'*éloquence spéculative,* c'est-à-dire qui n'est point toujours applicable aux affaires, par opposition à l'*éloquence pratique,* apanage incontesté du second.

Tous les deux, armés de leur opposition préconçue, se sont posés, chacun à part, dans un milieu où, malgré leur immense talent, ils ont gravité mal à l'aise ; parce que ce milieu n'était pas celui de la vérité topique. Les plus belles et les meilleures choses du monde ne sont bien qu'à leur place.

Le praticien rompu au maniement des affaires de

l'État qu'il a *gouverné,* à tour de rôle, non sans beaucoup d'honneur et de dignité, sous un prince qui *régnait*
seulement, ne pouvait atteindre les mêmes sommets près
d'un souverain qui *règne et gouverne.* Mais, chemin faisant, il sème bon nombre d'enseignements précieux,
dont le gouvernement bilatéral de l'Empereur saura faire
son profit.

Ce fut tout; ce n'était pas assez pour la gloire de
l'homme hors ligne qui, s'il ne s'accroît, risque de s'a-
moindrir. La belle gloire en effet pour un ministre célèbre, pour un non moins célèbre historien, de s'entendre
accuser, en plein parlement, de n'avoir pas peu contribué au renversement de deux trônes, et s'ouïr dire qu'on
ne se soucie pas de lui laisser démolir le troisième! Ce
reproche, que nous voulons croire profondément injuste,
ferme en tout cas l'accès aux jouissances de l'amour-
propre.

Il y avait donc plus à gagner qu'à perdre pour la
France et son gouvernement à l'hostilité, d'ailleurs dis-
crète, de ces deux illustrations de la tribune.

En tout état de cause, la majorité était là pour les tenir en respect. Cette majorité compte un certain nombre
de membres qui ne le cèdent pas, en savoir et en talents,
aux vieux champions des anciennes assemblées.

Par la raison qu'elle est très-nombreuse, il est naturel
que la majorité ne réponde pas, tout d'une voix, aux
appellations de Démosthène et de Cicéron.

Qu'y ferait-on, et pourquoi regretterions-nous le temps où l'on abusait quelquefois de l'éloquence au détriment des affaires ?

Nos députés possèdent, comme ceux de l'opposition, des chefs brillants par la parole, et riches d'une concluante faconde. D'autres, en plus grand nombre, se partagent les rôles moins éclatants des spécialités utiles, finances, administration, justice, guerre, et la branche plus directement nourricière et vivifiante de l'agriculture et des travaux publics.

Économe du sang et des trésors de la France, la majorité saura les répandre, sans parcimonie, toutes les fois que l'honneur et les intérêts matériels du pays seront en jeu, et, si peu que ce soit, compromis.

La vérité est donc, quoi qu'on en ait pu dire, sortie de son puits, dans la grande majorité des élections tant calomniées ; vérité qui ressort de l'ensemble des opérations électorales, sans s'arrêter aux détails insignifiants pour la plupart, capables seulement d'en obscurcir la moralité.

Heureusement que la France n'est pas tout entière dans Paris, qui n'en représente, après tout, que la dix-neuvième ou, tout au plus, la dix-huitième partie. Les départements ne sont nullement déshérités, comme on voudrait le faire entendre, d'intelligence et de jugement. Ils ont le droit de revendiquer leur part de patriotisme et de bon sens.

Ainsi voilà qui est convenu, Paris est la tête de la
France. Paris voudra bien permettre que les départements entrent pour quelque chose, pour beaucoup, dans
la composition de l'Empire. Seront-ils taxés d'outrecuidance s'ils disent qu'ils en sont le cœur ?

C'est aux Parisiens d'échapper, dans la comparaison
de leurs mérites, avec les mérites de la province, au dicton passé à l'état de proverbe, fort contestable, j'en conviens : Mauvaise tête et bon cœur. Le bon cœur n'est
point toujours, tant s'en faut, la conséquence obligée de
la mauvaise tête. Ils y échapperont, car la réflexion les
ramènera à une appréciation plus saine du travail électoral. Ils ne voudront pas que l'attrait d'une vanité puérile
l'emporte, de façon à les sacrifier, sur les avantages solides attachés au culte de la raison.

Le suffrage universel et la France seront sauvés du
même coup.

S'il en était autrement, il faudrait désespérer de la civilisation dont la France est la source première et le
principal instituteur.

XXII.

DU CARACTÈRE ET DE L'ESPRIT FRANÇAIS EN GÉNÉRAL ET, EN PARTICULIER, DE L'ESPRIT ET DU CARACTÈRE PARISIENS.

Tout a été dit, que je sache, sur la légèreté, la grâce, le *brio* du caractère et de l'esprit français. Ces deux attributs, le caractère et l'esprit, s'unissent chez nous et se confondent à ce point qu'il est impossible de les discerner isolément et de les séparer l'un de l'autre.

On a beaucoup parlé, dans ces derniers temps, du vieil esprit gaulois, par opposition sans doute à cet esprit d'origine plus récente dont la menue monnaie se répand aux surfaces, sans atteindre les couches profondes de l'intelligence. Ce dernier court les rues, c'est le mot consacré ; on le compare aux fusées du feu d'artifice ou à la mousse du champagne.

L'esprit gaulois existe encore, Dieu soit loué, sur le sol de notre patrie. Nous en possédons en notre âge un spécimen remarquable dans la personne du vieux Dupin, dont chaque mot trouvé emporte la pièce. A la suite de M. Dupin, j'en pourrais citer vingt autres, en tête desquels je suis tenté d'écrire le nom de M. Jules Janin, un prince de la critique. A l'appui de mon opinion, je ne veux que rappeler son dernier *discours de réception à la porte de l'Académie française.* Ce ne fut pas assurément faute d'esprit du meilleur aloi que le *récipiendaire* ajourna son entrée au fauteuil — attristé de son long veuvage — qui lui tend les bras.

Semblable à la coquette dont il retient les allures capricieuses, l'esprit — des deux genres — échappe à qui le poursuit, et ne favorise que l'amant résigné à l'attendre de pied ferme.

Il est ici question de jeter un coup d'œil en arrière sur l'esprit et le caractère français considérés au point de vue politique.

Si l'on veut tenir compte des enseignements de l'histoire et étudier le tableau des mœurs nationales, avant la révolution de 1789, aucun peuple n'était, moins que le nôtre, façonné à l'idée politique dont le nom seul provoquait d'insurmontables bâillements.

Accoutumé de longue main au sybaritisme que lui faisait la monarchie bénigne de ses rois, le Français se laissait aller mollement au fil de l'eau qu'un siècle et demi plus tôt, Mlle de Scudéri eût précieusement nommé le *fleuve de tendre*.

Seulement lorsque la fibre de l'honneur national était, si peu que ce fût, chatouillée, le caractère et l'esprit franco-gaulois se cabraient de toute la hauteur qui brise la résistance et renverse les obstacles.

Pour mettre en relief la pensée politique et lui imprimer le mouvement rapide dont nous sommes actuellement les témoins, quelquefois les victimes, il n'a fallu rien moins que les événements grandioses et compliqués nés de la Révolution française.

Force fut alors de compter avec la nouvelle venue qui nous trouva d'abord assez disposés à la traiter d'insupportable bégueule.

Afin de restreindre encore le cadre que nous nous sommes proposé, bornons-nous, quant à présent, à relever l'esprit et le caractère français dans ses rapports immédiats avec les dernières élections par le suffrage universel.

Nous avons dit que ces qualités précieuses dont se vante, non sans d'excellentes raisons, l'électeur parisien, lui ont fait complétement défaut quand, dans cette occasion suprême, il a voulu passer de la théorie à l'application pratique.

Essayons d'analyser les causes et les effets, puis, après les avoir signalés, cherchons le remède au mal qui nous talonne de si près.

Parmi ces causes, la plus active est, sans contredit, notre incommensurable vanité. La vanité est la monnaie de l'orgueil ; monnaie de cuivre qui nous encombre sans nous enrichir. L'orgueil peut, en certaines occasions exceptionnelles, s'offrir avec un but avouable, même plausible. La vanité, dans ses langes de calculs étroits, jamais.

C'est la vanité qui nous dicte, à voix basse, la plupart des sottises dont nous marchons escortés dans la vie privée, comme dans la vie publique. Il n'en a jamais été autrement depuis la pomme d'Ève, jusqu'aux élections récentes, inclusivement.

Nous affichons la vanité non-seulement de donner des leçons au pouvoir, mais de n'en recevoir de personne. Il ferait beau voir l'homme libre, le citoyen indépendant et fier de ses nobles attributs subir la leçon de gens qui, en définitive, ne valent pas mieux que nous.... peut-être moins !

Partis sur ces échasses, nous allons, nous allons, les yeux fermés, sans rien vouloir entendre, — jusqu'à la culbute, — des avertissements du casse-cou.

A côté des velléités fantaisistes de la vanité vient se ranger une seconde cause efficiente : l'ennui.

Il est une classe très-nombreuse, issue du prosaïsme de notre époque, que ronge l'ennui, comme la rouille le fer, ou la poussière les feuilles naissantes du boulevard. Ces êtres des deux sexes et de tout âge, plus fréquemment hommes que femmes, célibataires que mariés, pullulent, par centaines et par milliers, dans les grands centres de population.

Les ennuyés ont leur berceau dans la génération naissante des enfants gâtés outre mesure, dits *enfants terribles*. Ceux-ci sont les maîtres au logis, commandent aux ancêtres, pères, mères, aïeux, aïeules, une sorte d'obéissance passive.

Ce type n'est pas nouveau, si l'on en croit le mot attribué à Périclès ou à Alcibiade son neveu : « Voyez-vous ce petit garçon ? C'est lui qui gouverne la République. Il gouverne sa mère, sa mère me gouverne, donc.... »

L'ennuyé s'enveloppe de son égoïsme condensé comme Montaigne faisait du manteau de son père dont il chérissait la mémoire. Mille rayons partent à la fois de sa périphérie, lesquels, à courte distance, se brisent et font retour sur eux-mêmes, après avoir touché leur victime. Il s'ensuit une sorte de circulation non interrompue dont l'effet constant est de fusionner, à leur plus haute puissance, l'égoïsme et l'ennui.

L'ennuyé croit fermement que la création est sortie du chaos uniquement à son usage. Toutes les créatures humaines, façonnées ou non à la civilisation, ont reçu de Dieu la mission spéciale de le servir et de l'aduler. En revanche, il ne se reconnaît aucun devoir analogue; estimant faire trop d'honneur à ceux dont il veut bien agréer les hommages, sans les leur rendre jamais. Enfin l'ennuyé veut qu'on l'amuse à tout prix. Il ne *décolère* pas contre l'état social qui, dans ses inexplicables distractions, oublie de le sauver de l'ennui. Jusque-là, qu'il mettrait volontiers au compte du gouvernement le fléau qui l'oppresse, comme il y met la sécheresse et les inondations (1).

Par suite de la circulation du fluide saturé d'ennui, l'ennuyé se fait, à son tour, souverainement ennuyeux. Suant l'ennui par tous les pores, il le communique aux autres, jusqu'à les frapper d'une sorte d'asphyxie. Les médecins non contagionistes, s'il en est encore qui nient la contagion, seront forcés de l'admettre à l'aspect de l'ennuyé-ennuyeux qui, au plus haut paroxysme du mal, décharge sa pléthore sur le premier venu saisi par lui à l'abordage.

Je vous entends d'ici, mon vieil ami, me crier à tue-tête, d'autant plus haut que vous êtes un peu sourd : «Assez, assez, bavard incorrigible. Venons au remède, vite au remède spécifique que vous m'avez promis! »

Le remède? le voici, suivant ma courte logique et ma trop longue expérience. Certes, je n'ai pas la prétention de guérir, comme par enchantement, les vaniteux, les ennuyés, les ennuyeux et *tutti quanti* de même farine.

Mais j'essayerai d'exposer ici quelques-uns des pallia-

---

(1) Désaugiers a fait sur l'ennuyé une jolie chanson intitulée : *le Bâilleur éternel.*

tifs à l'aide desquels il est possible de faire retourner au bon sens et au vrai ceux qui s'en seraient momentanément écartés :

« Rien n'est *bon* que le vrai, le vrai seul est aimable. »

Et d'abord il nous faut rentrer en nous-mêmes, confesser nos fautes qui, en vertu de l'adage connu, seront à moitié pardonnées. Puis, à l'aide de cette courageuse résipiscence, et sourds à la voix du respect humain maudit qui commande tant de lâchetés, savoir résister aux insinuations perfides du sophisme encadré dans la vanité.

Il faut surtout, — hélas ! en dépit de nos prétentions pleines de jactance vers le spiritualisme qui est à la production de la pensée ce que le soleil est à la végétation des plantes, — il faut nous rabattre humblement sur nos intérêts matériels, qui sont aussi les intérêts de la famille et ceux de la société.

Après mûres réflexions désormais complétées, ou elles ne le seront jamais, nous devrons nous décider irrévocablement entre les deux situations qui nous sont faites : d'un côté l'ordre, la prospérité, la richesse, le progrès réel, la vraie liberté ; enfin la paix, fruit de l'organisation définitive d'un bon gouvernement. De l'autre côté, le désordre, l'anarchie partout, la chute du crédit, la ruine des finances, et, par une conséquence forcée, la suppression sur toute la ligne des entreprises générales et

particulières ; l'esprit d'aventure avec la guerre universelle ; le mouvement de recul, à distance illimitée, de
cette liberté politique, votre idole tant de fois caressée
et qui vous glisse entre les doigts comme une cou-
leuvre.

En fin de compte, l'humiliation, sous le sabre d'un dic-
tateur, couvert du manteau royal ou coiffé du bonnet
phrygien.

Car il ne faut pas vous leurrer de la décevante illusion
que vous vous reposerez, chemin faisant, dans la quiétude
très-confortable de l'un des deux derniers régimes, pour
la troisième fois restauré. Non pas ; nous sommes bâtis
de sorte à n'accepter aucun tempérament mitoyen ; ne
sachant jamais que sauter d'une extrémité à l'autre, avec
nos enjambées de sept lieues.

Ai-je besoin d'insister, et de telles questions à l'a-
dresse de gens pourvus d'esprit, de jugement, de prévoyance, ne sont-elles pas, à l'avance, victorieusement
résolues ?

En ce qui concerne les ennuyeux, je n'y sais d'autre
remède que de les fuir, comme on fuit la peste ou le
choléra. Tout au moins faudrait-il leur imposer une
quarantaine qui vous laissât la faculté de respirer, et
l'espoir de vous échapper par la tangente.

XXIII.

LES FEMMES.

Nous abordons, non sans une émotion concentrée, ce sujet délicat à l'égal de la sensitive, qui fut la préoccupation de notre vie ; heureux de rencontrer cette dernière occasion d'acquitter une dette de conscience et de justice. Joignons-y l'hommage de nos respects pour la meilleure moitié du genre humain, — c'est notre conviction profonde, — en regard de l'autre sexe qui s'intitule, avec aussi peu de vérité que de modestie, le plus noble et le plus courageux.

Telle se découvre notre opinion bien arrêtée sur la valeur relative des femmes dont l'influence trop négligée, sinon tout à fait oubliée de nos jours, mérite d'être prise en très-grande considération. C'est une force vive avec laquelle il serait au moins imprudent de ne pas compter.

Comme toutes les forces physiques ou morales, celle-là veut être mise en œuvre suivant les lois, et non à contresens de la raison. Sans remonter très-haut dans l'histoire des siècles et des gouvernements passés, on ne signalerait que trop d'exemples d'une direction fausse ou viciée de son emploi.

Il ne s'agit donc pas ici de livrer, une fois de plus, les gouvernements aux caprices et aux passions irréfléchies des femmes, en subissant celles de leurs fantaisies que réprouve la bonne direction des affaires publiques.

Mais nous voulons faire la part de chacun, en réclamant à l'avantage du sexe féminin ce qui lui revient d'éloges, quelquefois d'admiration pour les vertus et les qualités qui lui sont propres et auxquelles l'autre sexe n'oserait prétendre.

Souriez, mais écoutez :

Deux qualités principales appartiennent aux femmes, à l'exclusion des hommes : le dévouement avec abnégation de soi-même, et la faculté de souffrir longtemps, toujours, en toute patience et résignation.

Pour mettre en relief la première de ces qualités, dans les proportions afférentes à chacun des deux sexes, il suffira de constater, d'une part, l'égoïsme étroit, les lâches réticences, le calcul subordonné aux chances ou les préparant, et, d'autre part, le laisser aller du cœur, l'enthousiasme de l'imagination, l'entraînement qui ne voit au bout de sa course, sans regarder de côté ni derrière, que la passion de l'amour ou du devoir.

Examinez la femme dans ses rôles inspirés de fille, d'amante, d'épouse, de mère..... de mère surtout. Quel mélange touchant de tendresse, d'indulgente bonté, quel dévouement sans bornes ! Dévouement spontané, persistance courageuse, tel est donc le double fleuron dont se pare la couronne féminine.

Quant à la faculté de souffrir, que de patience dans la douleur, d'énergie dans la lutte, alors que la résistance s'accroît de tous les obstacles, grandit de tous les périls !

Tous les genres de courage leur sont dévolus à la plus haute puissance. Lorsqu'il fallut marcher à l'échafaud de 93, comme à la mort consacrée par l'antiquité païenne qui avait fait entrer le suicide dans ses mœurs et dans ses lois, les femmes donnèrent aux hommes parfois vacillants l'exemple de la fermeté dans la décision. Entre la femme du romain Pétus et Mme Roland, la républicaine désillusionnée, il existe un trait de ressemblance qu'il est impossible de méconnaître.

Seule la femme sait souffrir sans se plaindre, vivre dans la tristesse, remerciant Dieu des tribulations qu'elle accepte comme autant d'épreuves salutaires, par quoi le chemin du ciel lui est aplani. Voilà qui touche à la perfection évangélique et constitue une exception plus

fréquente qu'on ne pense, mais néanmoins une exception. Les femmes qui s'en rapprochent, à distances variées, ont encore une très-grande valeur.

Et ces saintes filles, ces excellentes sœurs que le sol
français produit presque exclusivement? Après avoir
prodigué dans la patrie leurs soins désintéressés — hormis en vue du ciel, leur terre promise, — elles s'en vont
aux extrémités de la terre secourir, consoler les blessés
et les malades, sans acception de nationalité, affrontant
le typhus, le choléra, la peste, tous les fléaux de l'épi-
démie ; acceptant la mort, le sourire sur les lèvres, avec
cette joie que seuls peuvent comprendre les élus du Dieu
rémunérateur.

C'est qu'elles contemplent de leur grabat le ciel entr'ouvert, lieu de repos et de lumière, récompense offerte
aux sacrifices sans nombre de leur laborieuse carrière.

Ce genre de courage est-il bien aussi noble que celui
du soldat qui s'avance intrépide sous le feu de l'ennemi?

La charité, cette reine des cœurs généreux, qui embrasse toutes les misères, pourvoit à toutes les infortunes, où la trouver plus abondante et plus vive que dans
la femme douée d'une bonne nature?

Si l'on en voulait maints exemples, dans les temps
anciens et modernes, on les trouverait en foule.

Chez nous c'est à s'y perdre, depuis le trône jusqu'aux
plus modestes conditions de la vie privée.

Sur le trône impérial où la dénonciation de la simple

vérité revêt, quoique l'on fasse, les apparences de la flatterie, est-il une plainte qui ne soit écoutée, une souffrance qui n'obtienne soulagement?

Il n'en est pas autrement dans toute la hiérarchie sociale, depuis les plus élevées jusqu'aux plus modestes régions.

Sans parler des sommités où ce genre de mérite n'est pas plus rare qu'ailleurs, voyez ce qui se passe journellement dans les classes moyennes et inférieures.

Qui donc soutient dans ses disgrâces l'homme si fier de sa force lorsqu'il prospère, si faible et si pusillanime quand l'adversité l'atteint? Qu'un revers de fortune vienne à le frapper, il reste abasourdi, la prostration l'accable, le désespoir s'empare de son être; il médite en lui-même le genre de suicide qui doit mettre fin à ses maux. Triste remède, soit dit en passant, aux infortunes petites ou grandes (1). Qui le soutient, l'encourage, le relève de son abaissement, si ce n'est sa femme dont les douces paroles sont un baume à ses plaies saignantes?

---

(1) Je ne sache pas, dans nos sociétés modernes, de mort plus bête et plus lâche. On a beau dire que la perpétration de cet acte fait supposer dans celui qui s'y résout une certaine force d'âme, le suicide est une révolte de la créature contre le créateur qui, en lui donnant l'existence, ne lui a pas laissé le droit de la briser. Échapper par un crime au travail, à la fatigue, à la douleur, c'est fuir devant l'ennemi. Or, comme l'a dit quelque part M. de Lamartine, la fuite n'est pas possible à un homme de cœur.

Faut-il s'étonner que les anciens et les modernes aient recherché dans la femme, sous le voile de la fiction ou en réalité, un conseil clairvoyant, une utile ressource, un précieux appui?

Le roi Numa consultait sa nymphe Égérie et, de nos jours, tel souverain a prospéré sous l'égide d'une femme, qui fléchit pour tomber sitôt que cette providence lui manqua. Tel autre n'a soutenu jusqu'à l'obstination un siège mémorable qu'animé par sa femme vaillante de cœur, dévouée à la gloire impérissable plus qu'à son royal, mais moins héroïque époux.

Ce fut à une femme que Charles VII a dû de reconquérir son royaume.

A l'heure qu'il est, lorsque sont en voie d'accomplissement les plus hauts faits de ces temps de miracles politiques, ne sait-on pas que la femme est pour une part considérable dans les glorieuses déterminations de son jeune Empereur?

Au point de vue scientifique, littéraire et artistique, les femmes ont marqué leur place par de nombreux écrits et des productions variées de l'art, où la mâle vigueur des conceptions s'allie sans effort au charme des peintures et à la souplesse gracieuse du style. La liste en serait longue rien qu'en remontant aux Dacier, aux Sévigné et aux Lebrun, pour arriver, par une succession non interrompue aux de Staël, aux George Sand, aux Rosa Bonheur.

Dans le genre ascétique sainte Thérèse est citée pour l'élévation de la pensée et la puissance du raisonnement.

Enfin n'est-ce pas sous l'invocation d'une femme, — la douce et pieuse Marie, — que le christianisme dispense à la France, comme dispense le ciel à la terre une rosée fécondante, les trésors de ses miséricordes, de ses pardons, de sa charité?

TROISIÈME PARTIE.

XXIV.

RÉCAPITULATION GÉNÉRALE. MISCELLANÉES.

Résumons cet exposé rapide, — rapide en comparaison de l'étendue et de l'élasticité de la matière, — et
tâchons de nous élever à la couche aérienne qui nous
permette d'apercevoir, comme autant de repères, le
sommet des montagnes et la pointe des clochers.

Placés à cette hauteur, nous suivrons les principales
têtes de chapitre, sans trop avoir égard à l'ordre chro-
nologique ; classant, par leur importance relative, les
faits accomplis et ceux qui, suivant nous, doivent en
être la conséquence nécessaire ou très-probable.

Dans notre appréciation de ces conséquences nous ferons bon marché des causes et des effets secondaires. Mais par contre nous nous cramponnerons à tout ce qui, dans notre opinion, doit être réputé immuable. Notre argumentation n'aura pour mobile que le raisonnement palpable et la raison épurée par le bon sens accessible à toutes les intelligences et que, par ce motif sans doute, on est convenu de nommer le sens commun.

A ce compte nous devons la première place à l'Italie, à l'Italie non unifiée, mais groupée en une sorte de fédération, — très-inégale dans ses parties constitutives, — de trois États distincts.

Le saint Père au milieu, quelque restreint que soit son territoire, mais avec Rome capitale. Rome est la seule ville de l'univers que puisse habiter dignement le chef visible de la catholicité. Il y sera souverain indépendant, riche, honoré, respecté de tous les gouvernements chrétiens, — la France en tête, — catholiques ou non, qui le protégeront contre toutes les agressions extérieures ou du dedans.

C'est ainsi que l'a entendu l'Empereur, malgré de légères dissidences qui ont un moment ralenti la discussion, sans l'obscurcir. L'Empereur et les deux grands corps de l'État sont au fond en parfait accord, quoiqu'ils aient semblé vouloir y arriver par des voies un peu différentes; sachant bien qu'il existe entre la

France et le pouvoir temporel du saint-siége une étroite solidarité.

Les États vénitiens resteront, provisoirement du moins, annexés à l'Autriche pour obéir au grand système de la coalition européenne. Si, plus tard et dans la même pensée, l'Autriche consentait à s'en dessaisir, ce ne pourrait être qu'avec compensation, par exemple des provinces Danubiennes, aujourd'hui voisines de l'anarchie et que convoite la Russie. La maison de Habsbourg trouve une première compensation dans l'élévation du prince Maximilien au trône du Mexique.

Ces deux séparations opérées, le roi Victor-Emmanuel est et demeure souverain incommutable de toute la Péninsule. Ainsi le veut le système qui fait figurer l'Italie pour un cinquième dans la grande coalition (1).

Les dangers qui pourraient résulter pour la France des prétentions attribuées à l'Angleterre, au sujet de la suprématie des mers, s'effacent devant le principe de cette coalition où les intérêts de la Grande-Bretagne sont engagés au premier chef. Elle a besoin du concours de tous ses alliés, afin de pourvoir à sa défense dans l'Inde et à son intervention au Canada. Car, dût-elle renoncer à cette colonie et accepter son émancipation,

(1) J'ai le droit comme un autre de faire ma carte de l'Europe occidentale, n'élevant pas la prétention grotesque d'avoir dit le dernier mot sur les questions brûlantes qui ne manqueront pas de surgir. C'est l'affaire du grand congrès napoléonien.

même la favoriser, l'Angleterre doit s'opposer à toute annexion du Canada aux États-Unis (1).

Au reste les flottes coalisées, — nées et à naître, — de la France, de l'Autriche, et des deux Péninsules grandiront à ces deux fins : 1° tenir en échec l'Angleterre, si elle écoutait ses velléités de suprématie maritime; 2° concourir avec elle à l'accomplissement de la grande œuvre, dans le cas très-probable où notre voisine d'outre-Manche donnera la préférence à ce dernier parti; ses plus chers intérêts commandent.

Le Mexique et ses intérêts complexes seront plus particulièrement confiés à la garde de la France qui en a pris l'heureuse initiative.

L'Autriche est, comme on dit vulgairement, dans ses petits souliers. Après comme avant les négociations de Saltzbourg et la convention de Gastein, elle paraît fort empêchée de tenir l'équilibre entre les deux bassins de la balance qui portent, à distance, la Hongrie et la Vénétie. L'Autriche aura besoin de l'assistance de la France et du concours de l'Italie, pour fixer, au centre perpendiculaire, l'aiguille régulatrice du fléau. Première chance d'arrangement avec la Péninsule.

(1) Un incident nouveau, qui n'est peut-être pas étranger aux gracieusetés que nous prodigue, depuis peu, l'Angleterre, c'est le *Fénianisme*, sorte de carbonarisme né en Irlande et qui se propage, sur la plus vaste échelle, jusqu'aux États-Unis. Le *Fénianisme*, qui paraît doué d'une robuste vitalité, se dresse très-menaçant contre le royaume-uni de la Grande-Bretagne.

La triste issue de l'affaire des duchés, en ce qui concerne l'Autriche réduite au *condominium* avec la Prusse,
— quel partage du lion en faveur de celle-ci et au détriment de celle-là! — loin de détourner la France de
l'alliance autrichienne, est de nature à l'y river plus
serré. Car, si nous devons redouter l'unification de l'Allemagne par l'Autriche qui est ou sera notre alliée, que
serait-ce par la Prusse dont les sympathies, fondées sur
des intérêts, appartiennent à la Russie? D'ailleurs nous
ne devons pas laisser humilier, sous peine de notre propre humiliation, l'un des cinq membres les plus importants de la future coalition.

XXV.

SUITE DU PRÉCÉDENT ET RÉFLEXIONS ÉPARSES QUI S'Y RATTACHENT.

J'ai presque fini.

Lecteurs bienveillants, et vous, mes aimables lectrices, « *Donne mie care* » ; vous encore, électeurs convertis au bien du pays et à votre propre bien, armez-vous d'un peu de patience. Je ne puis, en bonne conscience, vous épargner cette dernière digression. Il y aurait, à vous la supprimer, véritable péril en la demeure.

Supposons que ma voix, trop peu autorisée, ne soit pas écoutée, et que personne de ceux que j'ai interpellés ne consente à modifier, en les passant sous le niveau des idées modernes, ses allures politiques et religieuses. Qu'en pourrait-il advenir ?

La réponse à cette question ne se fera pas attendre.

Je n'hésite pas un seul instant, — prophète de malheur,
— à vous prédire une issue funeste, conséquence forcée des
principes erronés dans l'engrenage desquels vous auriez
fatalement engagé la main.

Ainsi que moi vous admettrez sans doute des révolutions de deux sortes :

La révolution progressive, inaugurée par l'ère de
1789, et qu'il vous est défendu de faire rétrograder;

La révolution subversive que tous nous avons mission de combattre à outrance, sous peine d'en être
écrasés.

Même classement au sujet des deux socialismes placés
exactement dans des conditions identiques : socialisme
progressif, socialisme subversif.

Depuis trois quarts de siècle, plusieurs tentatives ont
été faites par la révolution subversive et n'ont échoué
qu'en raison de circonstances fort indépendantes de sa
volonté. Son but était vague, indéterminé, ses moyens
manquèrent d'intelligence et de précision dans l'attaque,
de décision dans la victoire.

Aujourd'hui tout est changé. Le plan est invariablement arrêté, les chefs militaires, civils, administratifs et
de la justice sont à leur poste, le mot d'ordre est donné
et retenu sur toute la ligne, le signal attendu avec une
impatience fébrile. La phalange révolutionnaire se relève
irritée et honteuse de la *bénignité niaise* dont usèrent et
abusèrent ses devanciers. Mieux disciplinée elle mar-

chera, comme un seul homme, vers le point de l'horizon qui lui est assigné.

Je vous laisse à deviner les effets qui sortiront de ces causes; ils seront en tous cas décisifs et vous semblez les ignorer.

Ce n'est pas toutefois que les avertissements vous aient été épargnés, avertissements dont ma réclame sénile n'est que l'écho amoindri. D'autres avis plus incisifs vous sont prodigués chaque jour, sous toutes les formes et figures.

Avez-vous remarqué aux vitrines des marchands d'estampes les contrastes frappants que voici : Le roi Louis XVI et la reine Marie-Antoinette, que l'on représente d'abord entourés de la majesté du trône et dans la splendeur des atours, puis captifs au Temple ou devant le tribunal révolutionnaire, abreuvés d'amertume sous la verge des misérables qui préludaient au dernier supplice par les plus sanglants outrages ?

Tout à côté, l'autre contraste de Napoléon Ier en déshabillé du matin, dictant, sur le rocher de Sainte-Hélène, ses mémoires au général Gourgaud, ailleurs embrassant le roi de Rome et séchant les larmes de l'impératrice Marie-Louise, et encore revêtu des insignes impériaux, la main appuyée sur la garde de cette épée qui le fit le Maître du monde ?

Il ne faut pas être grand Champollion pour déchiffrer de tels hiéroglyphes.

Ces contrastes heurtés des grandeurs et des misères humaines, dont peuples et rois ont eu à subir l'impitoyable tyrannie, vous présagent assez la ruine de votre ordre social actuel, si vous ne vous hâtez de le défendre, en vous abritant sous l'égide du gouvernement impérial.

Séduits par des apparences fallacieuses, ne vous endormez pas d'un somme qui n'aurait pas de réveil, perspective de destruction effroyable dans sa généralité.

J'ai comparé quelque part l'ordre social au globe terrestre formé de plusieurs couches superposées. Suivant la description des géologues accrédités, les couches terrestres se sont accumulées, par un travail lent et continu, durant la longue série des âges ; en telle sorte que chacune d'elles arrivât à l'état de perfection voulu par le créateur.

De même, selon l'appréciation des philosophes, ces géologues de la pensée, les couches de l'ordre social auraient acquis, avec le concours du temps et de circonstances très-variées, le degré de perfectionnement, — fort incomplet, il en faut convenir, — que décréta dans sa sagesse l'auteur de toutes choses. Cette création de premier jet fut ensuite remaniée par les gouvernants, pasteurs divins et profanes du grand troupeau de l'humanité.

Dans les deux hypothèses, la terre et la société furent

soumises à l'action uniforme et régulière de juxtaposi-
tion, jusqu'au jour où des perturbations profondes na-
quirent des cataclysmes terrestres et sociaux que Dieu,
par une de ses lois incompréhensibles à notre intelligence bornée, imposa à ces deux natures émanant, l'une
et l'autre, de sa toute-puissance.

Ces cataclysmes se traduisent, dans l'ordre physique,
par les inondations et le feu des volcans ; dans l'ordre
social, par les débordements populaires et la fureur des
révolutions. Ils diffèrent en ce sens que le degré de certitude n'est pas égal pour chacune des deux catégories.
Conjecturale en ce qui concerne le globe terrestre, la
science a pu maintes fois revêtir les couleurs du roman.
Au contraire des révolutions politiques et sociales qui,
échappant au vague de la fiction, présentent les caractè-
res plus arrêtés de l'histoire.

Faisant application restreinte de ces idées à la situation présente, nous arrivons à constater ce qui se passe
sous nos yeux en matière de révolution subversive.

Que voyons-nous ?

La couche de l'ordre social formée de toutes pièces,
sorte de marqueterie d'abord confuse que l'on travaille
incessamment à coordonner. Tous les gouvernements
qui se sont succédé, depuis et avant 89, — jetons un voile
sur les crimes de la Convention, — y ont mis la main,
avec beaucoup de persévérance, d'habileté et souvent de
bonheur. On ne peut nier que, malgré un certain nom-

bre de lacunes en expectative, le résultat ne soit satisfaisant. Ces lacunes successivement comblées, sous l'empire de la loi du progrès, touchent au moment d'arriver à niveau, autant du moins qu'il appartient à la sagesse humaine.

Or, il advient que la couche des satisfaits ou quasi-satisfaits, poussés en avant par ceux qui ne le sont pas, entre en lutte perpétuelle avec ces derniers. Ceux-ci font des efforts surhumains à l'effet de chasser les autres et de les remplacer, en vertu du dicton populaire, — pardon de l'énorme trivialité, — un clou chasse l'autre, et ôte-toi de là que je m'y mette. En conséquence, ils s'accrochent à tous les arguments, disons à tous les sophismes ; faisant sonner très-haut les grands mots de patrie, de liberté, d'égalité.... de liberté surtout. La liberté est pour eux la panacée plus directement applicable à la régénération nationale. Ils disent sans façon à leurs adversaires : « Mieux que vous nous avons compris les conditions du gouvernement libéral, d'un bon gouvernement, du meilleur gouvernement approprié aux vœux, comme aux besoins de la France. Conclusion : il faut nous céder la place. »

Les premiers, fort mal édifiés d'une allocution qui n'a pas même l'attention de dorer la pilule, résistent et pensent à bon droit, ce me semble, qu'ils ont gagné par de longues études, de pénibles travaux, de périlleux combats, les positions qu'ils occupent ; que, sous l'impulsion du gouvernement impérial, plus franchement libéral à coup sûr que les plus hardis libéraux, ils comptent bien continuer le mouvement ascensionnel vers la liberté possible, en dotant la nation de tous les bienfaits qui lui sont dus et promis ; qu'enfin ne voyant pas de raison suffisante à la retraite qui leur est en quelque façon imposée avec tant d'arrogance , ils ne lâcheront pas d'une semelle les postes qui leur sont confiés. Au reste, ils ne refusent pas d'accueillir dans leurs rangs, au fur et à mesure qu'ils l'auront mérité, ceux de leurs adversaires qui le prendront sur un ton plus convenable.

Mais je vous le répète, hommes de la première couche, qui êtes les vrais privilégiés de l'époque où l'on n'admet plus de privilége.... en théorie seulement, vous ne serez pas toujours les plus forts. Si vous n'y mettez bon ordre par la conduite électorale que je me suis permis de vous tracer, et dont vous ne pourrez plus prétexter ignorance, vous serez vaincus et littéralement *enfoncés* sous la seconde couche qui, en vous débordant de toutes parts, surgira la première ; enfoncés par l'effet du travail souterrain et, en fin de compte, asphyxiés sous une calotte de plomb.

Voilà le tableau lugubre, j'en conviens, mais très-vrai, à mon avis, du sort qui vous est réservé.

N. B. Il ne serait pas absolument impossible que, le progrès aidant, la seconde couche, devenue la première, se disciplinât à des errements politiques, à des sentiments sociaux, préférables, sous plus d'un rapport, à ceux par vous suivis avec un si déplorable entêtement. En d'autres termes, les nouveaux venus finiront peut-être par valoir mieux que vous — politiquement et socialement parlant.

C'est égal, je vous le dis en toute sincérité, la transition, ou prompte, ou retardée, vous sera désagréable.

Ainsi, avisez.

XXVI.

ENVOI.

En vous adressant ce travail de rapsode intermittent à de longs intervalles, j'ai dû prévoir, mon vieil ami, votre plus sérieuse objection et la réfuter à l'avance. Vous pensez donc, me direz-vous, avoir la science infuse, à l'égal d'un professeur émérite parlant, *ex cathedra*, de tout et de plusieurs autres choses?

Nullement, et à qui me taxerait d'ignorance, je ne saurais que répondre.

Je n'oserais me flatter de posséder ce genre d'intuition qui nous amène à prédire les événements futurs, par l'observation raisonnée des événements accomplis. Mais je revendique, à mon usage personnel, quelques-unes des lueurs de l'instinct, sorte de flair que des effluves inconnus dans leur nature, plus inconnus dans

leur mode d'action, surexcitent de façon à raviver la
pensée, comme l'oxygène de l'air refait, dans nos pou-
mons, un sang artériel du sang veineux. Cette opération
mi-partie physique et intellectuelle m'a conduit plus
d'une fois à mettre le doigt sur le vrai. J'en ai dû conclure naturellement que je pourrais reproduire à nouveau
ce que je produisis au temps passé. Ai-je eu le tort
d'une présomption exorbitante? C'est ce que la suite
des événements prouvera mieux que toutes les disser-
tations.

Quant à la sincérité des convictions, je n'ai rien à con-
céder, réclamant en outre ma quote-part de bon sens,
fût-ce aux dépens des autres qualités de l'esprit, dont je
suis disposé à faire bon marché. Oui, j'ai des prétentions
au bon sens. Je veux que, dans votre langage familier,
vous puissiez dire de moi, — qui suis votre serviteur, —
ce qu'un autre maître disait de son valet :

« Le bon sens du maraud quelquefois m'épouvante. »

Je demande encore pour moi la tolérance que j'accorde volontiers à autrui; n'étant pas de ceux qui trai-
tent de misérables les hommes imbus de principes politiques et sociaux en désaccord avec les leurs. Non, j'ai
toujours pensé que le point du départ détermine et règle
le plus souvent la marche, et que l'on peut être de très-
bonne foi en suivant des routes divergentes, ou diamétralement opposées. J'ai donc pu, en vertu de mon libre

arbitre, épouser les doctrines que je crois les meilleures, en ce qu'elles sont d'une application rationnelle.

D'autre part, je ne me crois point quitte de reconnaissance envers les hommes du passé, — rois et sujets, — qui ont préparé et porté si haut la gloire et la prospérité de la France.

S'il est un principe immuable et généralement incontesté, c'est celui qui régit les sociétés modernes. Elles ne sauraient dorénavant être conduites et gouvernées sans leur assentiment, voire sans leur participation.

Les ressorts principaux de la vieille machine gouvernementale, usés et hors de service, veulent être remplacés par d'autres ressorts tout neufs. Cela n'implique en aucune façon la suppression immédiate des rouages d'un ordre secondaire, — ce sont les plus nombreux, — qui, réparés et mis en harmonie avec les premiers, pourront fonctionner utilement. La sagesse approuve leur conservation, avec un soin méticuleux, jusqu'au jour où ils seraient reconnus inutiles ou dangereux. Auquel cas il n'y serait touché qu'avec la plus extrême réserve.

Cela posé, j'ai dû examiner sommairement la constitution générale des gouvernements modernes contraints, quoi qu'ils fassent ou ne fassent pas, à subir le despotisme des idées nouvelles ; étudier leurs rapports entre eux et avec la France, surveiller les symptômes de force et d'affaiblissement qui se révèlent dans leurs tempéraments respectifs.

La fédération est, de toutes les formes de gouvernement, celle qui nous va le mieux, — chez les peuples
rivaux ou amis. — Elle nous plaît parce qu'elle nous
rassure contre les entreprises de l'unité. Excepté en Italie,
où les raisons d'ordre supérieur que nous avons déduites
prescrivent l'unité, — d'ailleurs incomplète, — nous
devons encourager partout le système fédératif accouplé à
la monarchie constitutionnelle : en Allemagne, en Amérique et ailleurs. Nous n'éprouvons nulle inquiétude à
voir les trente-deux souverainetés allemandes s'étendre
et se compléter, même aux dépens du « pauvre petit Danemark ». Ces puissances envahissantes, de la classe
des rongeurs, ne nous inspirent aucune frayeur pour la
France, tant qu'elles seront divisées d'intérêts et d'ambition ; surtout lorsque ces ambitions et ces intérêts sont
condensés sur la tête des deux plus forts champions qui,
alliés un instant pour annexer, finiront par se battre,
quand il faudra partager les épaves de la victoire. Leurs
divisions s'en accroîtront d'autant.

De même aux États-Unis où le travail de fédération,
confédération, sécession, comme on voudra l'appeler,
s'opérera *da se* sans que nous nous en mêlions directement, jusqu'à reconstruction d'un ordre meilleur.

Ce n'était point uniquement pour satisfaire un besoin
d'ogueilleuse ambition, ou un caprice de vanité puérile,
que le président Lincoln poursuivait la victoire enfin
remportée, au prix de tant de sang et de ruines. Il ne

s'agissait de rien moins que de sauver le principe d'unité, doublé du principe républicain.

Supposons pour un instant que l'esprit d'unité souffle dans ces masses formidables, pour en recoudre et raviver les tronçons épars, alors nous serions perdus, en Europe comme en Amérique.

Heureusement que la chose est impossible; n'oublions pas la fable du Bonhomme et sa moralité (1).

En gardant pure et intacte l'unité de la France alors qu'il résistait à la pression des menaces et des caresses, « notre Empereur » nous semble avoir fait preuve de sagesse profonde, de prudence consommée, sur les deux limites opposées qui marquent la guerre et la paix. Sa victoire dans le champ de l'amour-propre froissé n'est pas assurément moins glorieuse que celles remportées sur les champs de bataille.

En effet, suivez le fil des incitations directes ou indirectes, dont il est facile de calculer la portée, dans leur activité latente. Voyez au dedans les partis opposés, au dehors les nations hostiles, tendre à l'unisson leurs piéges, en les amorçant de l'appât de la gloire militaire, ce péché mignon du noble pays de France... C'est la Pologne qu'il nous faut arracher aux serres ensanglantées de la Russie, le Danemark que nous n'aurons pas le

(1) Le dragon à plusieurs têtes et le dragon à plusieurs queues :

 « Je soutiens qu'il en est ainsi
 « De votre empereur et du nôtre. »

cœur de laisser périr, faute de l'assistance de notre invincible épée...

Fantasmagorie, déception que tout cela; notre ruine assurée serait au bout de cette sublime étourderie, si nous avions donné dans le panneau.

Afin d'être certains de ne pas nous manquer, lorsque l'Europe, par une volte-face unanime, se retournerait contre nous, ils préparent des armements monstrueux sur terre et sur mer, — tout en se donnant les airs de provoquer le désarmement; — arrière-garde colossale qui, mieux échelonnée qu'à Moscou et à la Bérésina, ne veut pas laisser échapper un seul ennemi pour porter la nouvelle de nos désastres.

Et ils attendent...

Telle est l'alliance très-peu sainte qui se mitonne à petit feu.

Mais nous veillons au grain et ne serons pas dupes d'embûches grossières après tout; finesses cousues, sur noir, de très-gros fil blanc.

L'Empereur a su résister aux séductions compromettantes, et son gouvernement s'est soustrait à l'enivrement des sirènes dont la main gantée ne cache qu'à demi la griffe du chat-tigre.

Le travail de transformation des républiques en monarchies se fera désormais par la seule force des choses. Mais pas de méprise, c'est de la monarchie constitutionnelle franchement représentative de l'opinion éclairée des peuples que nous voulons parler. En un mot, il est question de la déduction logique du principe révolutionnaire — progressif. — Ceux qui se font de ce mot un épouvantail et ne le prononcent qu'avec cette sorte d'horripilation qui donne la chair de poule, devront habituer leurs oreilles à l'entendre et leur voix à l'articuler. Ils pensent avoir formulé une accusation irréfutable en disant que l'Empereur est l'héritier de la Révolution.

Oui, l'Empereur est l'héritier de la Révolution en ce sens que, seul et à l'exclusion de tous autres, il a reçu mission de la régler, de la modérer, d'empêcher son débordement, comme du plus impétueux mascaret. La Révolution a grand besoin, comme chacun sait, d'être contenue entre de fortes digues. Ce n'est toutefois qu'une moitié de la besogne. L'autre moitié consiste à favoriser l'expansion du flot jusqu'à la limite qui sépare le bienfait du péril, la Révolution de la contre-révolution.

On conviendra que ce n'est point chose facile et que l'accomplissement d'une œuvre si ardue requiert l'irrésistible intervention d'une forte tête, d'un grand cœur et d'un vaste génie.

Tâchons, pour notre compte, d'échapper au ridicule que nous blâmons sévèrement ailleurs, au ridicule de donner des leçons au pouvoir. Bornons-nous ici aux vœux d'un patriotisme modéré, bien que ferme, patient

dans son attente sans manquer, à l'occasion, de vigoureuse initiative.

L'initiative, voilà, nous le répétons, le grand mot que
l'Empereur a écrit sur son drapeau gouvernemental. Ce
mot est gros de perfectionnements en matière d'économie
politique et sociale. Joint à ceux de spontanéité et de
persévérance, il représente la trilogie victorieuse, avec
le temps, des obstacles qui s'opposent au véritable progrès.

Celui qui s'accomplit chaque jour sous nos yeux est
de nature à provoquer l'étonnement, quelquefois à forcer l'admiration du spectateur le plus minutieux et le
moins enclin à la louange banale. En présence de la
prospérité inouïe déjà réalisée, et de celle qui est en
voie d'élaboration, on conçoit l'entraînement des populations conviées aux grandes et petites réunions nationales, devant lesquelles se déroule le tableau saisissant
des intérêts satisfaits dès à présent, et de ceux espérés
dans un avenir prochain.

Les conseils généraux, eux aussi, ont, chaque année,
à discuter la longue série des travaux et des projets sou-
mis à leurs délibérations. Les assemblées départemen-
tales, cantonales et autres sont généralement présidées
et conduites par des capacités d'élite, quelquefois par
des sommités gouvernementales de premier ordre. On ne
saurait, sans une profonde injustice, nier les services
considérables que les comices de toutes les tailles sont

appelés à rendre et ont déjà rendus aux grandes comme aux petites industries.

Cependant il n'est pas rare que la raison y soit sacrifiée au raisonnement, et le bon sens à l'enthousiasme. On y arrange, en dithyrambes sonores, l'état des choses, non toujours ce qu'il est, mais ce qu'on voudrait qu'il fût. De là ces bouffées d'exagération plus favorables à l'arrondissement de la phrase qu'à la logique des arguments. La peinture trop flattée de la prospérité croissante, en matière d'agriculture, par exemple, n'est pas toujours conforme à la réalité. Elle s'en écarte maintes fois, soit que le besoin d'ornementer le discours entraîne l'orateur dans les voies insolites de quelques situations exceptionnelles, ou que l'image embellie outre mesure à la surface de l'étoffe n'en pénètre point suffisamment l'épaisseur.

D'ailleurs ce n'est point en chantant l'hosanna stéréotypé des louanges officielles que l'on fera preuve de zèle et de dévouement à la dynastie impériale. Mieux vaudrait cent fois, dût-on lui déplaire, l'avertir et la mettre en garde contre les obstacles et les dangers qui ne manqueront pas, à une heure donnée, de se dresser devant elle.

Telle n'est pas la tactique à suivre avec un prince qui aime la vérité, la recherche partout et ne la redoute jamais.

Telle ne saurait être celle des amis sérieux de l'Empire

et de la dynastie napoléonienne, considérés au point de vue du salut et de la grandeur de la France.

En ce qui regarde les hommes, — infiniment respectables, mais illusionnés, — qui tenteraient de ressusciter le passé, il faut les renvoyer aux médecins de Molière, qui dissertent savamment sur une femme morte, afin d'aviser aux moyens qu'il eût fallu employer pour l'empêcher de mourir.

XXVII.

LE JOURNAL **LA FRANCE.**

Je ne veux pas clore ce long factum sans rappeler la part de remercîments que je dois à la presse périodique semi-officielle, ou même d'une opposition avancée, mais non systématiquement hostile. Opposition est pris ici dans le sens de discussion de bonne foi, large, parfois hardie, mais qui ne sort jamais des convenances et surtout de la constitutionnalité.

Parmi les organes récents de l'opinion politique plus ou moins conforme à la mienne apparut (en août 1862) le journal *la France* qui, sous le patronage d'un célèbre publiciste, M. le vicomte de la Guéronnière, prit place au premier rang, non sans soulever de vives réclamations. Ce journal commença par déplaire à tout le monde, ou peu s'en fallait. Bientôt il sut rallier autour de son drapeau bon nombre de ses dissidents, j'ai presque dit de ses détracteurs.

La France était prédestinée à faire son chemin, qu'elle poursuit avec une distinction marquée.

Le premier noyau de sa rédaction fut un corps de noblesse ; des comtes, des vicomtes, des barons, des marquis. Il n'y manquait que des vidames ; encore en cherchant bien..... Palsambleu ! ce ne sont point croquants, mais bons gentilshommes que Dieu fit (1).

Un certain nombre de publicistes, dépourvus de noms historiques mais non de talent, lui furent adjoints et gagnèrent à ce jeu leurs éperons.

Pour désigner les rédacteurs de haute capacité, chacun dans les questions spéciales à son aptitude, il faudrait les nommer tous.

L'un d'eux cependant, M. J. Cohen, me semble dépasser, d'une certaine longueur, ses collaborateurs déjà dignes d'une grande considération.

Par l'universalité de son savoir, l'étendue et la hauteur de ses aperçus, la justesse de ses raisonnements, M. J. Cohen est appelé à rafraîchir, sinon à régénérer la

---

(1) Un gentilhomme de race antique, assez peu soucieux des faits et gestes qui illustrèrent ses aïeux, disait chaque matin, avant de se raser, parlant à sa personne : « T....... de C.... B......, Dieu t'a fait gentilhomme, le roi t'a fait duc, fais-toi la barbe, mon ami, afin qu'il soit dit que tu t'es fait quelque chose. »

presse quotidienne. Juif, dit-on, de naissance et de religion, il parle très-convenablement du pape.

Mais, — ne faut-il pas toujours un *mais?* — ce publiciste disert et séduisant n'aurait-il pas trop de hâte à
réaliser le bien, en matière de liberté de la presse périodique, par exemple, et de quelques autres libertés?
Comme il va d'habitude un peu plus vite que les violons,
faut-il s'étonner de le voir, autant de fois, devancer la
mesure? C'est un objet de détail auquel l'esprit si pers-
picace, le jugement si ferme, le sens si droit de
M. J. Cohen ne manqueront pas de mettre bon ordre.

Tel qu'il est, le journal *la France* a rendu et peut
rendre encore d'éminents services à la cause de l'ordre
et de la paix. Il a puissamment contribué à vulgariser
la série des idées saines qui se rattachent à la pondération des nationalités, dans toute l'Europe orientale et
occidentale. Il travaille assidûment à la grande œuvre de
réconciliation générale, réconciliation qui embrasse,
sans aucune exception, tous les partis politiques. En
telle sorte que la liberté soit, avec l'apaisement des colères, le complément de son utile intervention ; ce qu'il
y a d'absolument inconciliable dans ces partis n'offrant
plus qu'une minorité.

On a signalé dans *la France* une couleur politico-sociale qui n'était pas, pour chacun, suffisamment définie.
Sommes-nous, disait-on, en présence d'anciens légiti-

mistes franchement ralliés à la cause de l'Empire et de la dynastie napoléonienne?

Après les professions de foi réitérées de *la France,* dans le sens de l'affirmative, nul n'a le droit d'incriminer, voire de suspecter ses intentions.

Légitimistes, soit, dont le *légitimisme* est transporté de la troisième à la quatrième dynastie.

FIN.

PENSÉES, SENTENCES,

AXIOMES, COLLIGÉS ÇA ET LA,

QUI SE RAPPORTENT, PLUS OU MOINS DIRECTEMENT,

AUX SUJETS TRAITÉS DANS CET ÉCRIT.

———

I.

Nulle dynastie ne sera fondée en France, avec chances de longévité, si elle n'a préalablement accepté la Révolution et son drapeau, reconnu sa solidarité étroite avec le Saint-Siége et dominé, de très-haut, l'accusation, voire le moindre soupçon de couardise.

II.

La Dynastie Napoléonienne est entrée, à toute vapeur, dans cette mer orageuse, qu'elle achèvera de pacifier, à deux conditions principales : — suivre, en les complétant, les glorieux errements que lui a légués son auguste fondateur ; — éviter soigneusement ses fautes et les réparer, autant que possible.

III.

L'ingratitude est l'état normal du cœur humain. La reconnaissance n'est que l'exception rare et parcimonieuse. L'ingratitude n'est peut-être pas innée au cœur de l'homme.

IV.

La reconnaissance n'apparaît guère comme un fruit de la civilisation. Ce qu'il est permis d'en cueillir appartient plus fréquemment aux classes incultes, ou moins distancées de l'état de nature.

V.

L'arbre de la Liberté ne fleurit et ne fructifie que dans la saine atmosphère de la confiance et de la paix. A ce compte le gouvernement impérial peut

et doit octroyer, à ses heures, des libertés de toute
sorte ; hormis la liberté de faire périodiquement des
révolutions.

VI.

L'égalité et la fraternité sont des non-sens, même
au point de vue légal, dans un pays semé d'inéga-
lités radicalement incurables. En y ajoutant « ou
LA MORT » la Convention en fit une trilogie parfaitement logique, sous la sanction de la guillotine.

VII.

De tous les triomphes le plus méritoire, sinon
le plus éclatant, est celui qu'un grand Souverain
remporte sur son orgueil offensé. C'est aussi le plus
difficile.

VIII.

Il faut supposer une assez grande force d'âme à
celui qui veut bien paraître dupe quand il ne l'est

pas. Il laisse saigner, sans se plaindre, l'une des blessures les plus douloureuses à son amour-propre.

IX.

Une autre plaie non moins cuisante résulte de l'obligation de passer pour hésitant, alors qu'on temporise par nécessité ; pour lâche, quand on n'est que prudent. On se résigne ainsi à recevoir la mitraille des épigrammes, des sarcasmes, des sourires aigre-doux chargés de fiel et qui, pour être déguisés, n'en sont pas moins insultants.

X.

Dans l'état d'incandescence où l'on voit montées les passions politiques, il ne faudrait qu'une étincelle pour mettre le feu à la sainte-barbe du fameux vaisseau-symbole, et le faire sombrer. Ce qu'il y a de plus effrayant, c'est que l'étincelle peut venir de l'inconnu.

XI.

A voir ce que requiert désormais d'intelligence, d'adresse et de courage le gouvernement des peuples, l'homme fort d'Horace ne suffirait point à la tâche. Il n'est plus question seulement de périr, sans sourciller, sous les ruines du globe brisé — *fractus* — en mille morceaux ; il s'agit de le porter tont entier. Pour porter le monde, il faut les épaules d'Atlas.

NOTES.

A.

Ce quelque chose ne sera pas, j'en ai peur, la dernière
encyclique. Bien que provoqué, peut-être, par l'imprudence
des partis dissidents, ce manifeste élaboré en cour de Rome
n'était guère de nature à calmer les irritations, à apaiser
les colères. Il devenait évident que les irréligieux, — par
jactance plus que par conviction, — viendraient se cabrer
devant une doctrine distancée et qui sent d'une lieue, à leur
odorat, sa contre-révolution.

Ce n'est pas qu'à mon sens on n'en ait beaucoup exa-
géré la portée. En somme l'encyclique est un sermon de la
plus haute volée, mais pourtant un sermon. Or les prédica-
teurs ont de tous temps, dans le but de frapper fort, emprunté des arguments, imagés en vives couleurs, aux pères

de l'Église, aux docteurs de la loi, aux textes des saintes
Écritures. L'anachronisme était donc plus apparent que réel.
N'a-t-on pas vu, sous le grand roi et depuis, des orateurs
qui avaient nom Massillon, Bourdaloue, Bossuet tonner, à
grand renfort d'éloquence, contre les déportements du siècle
et stigmatiser, au fer rouge, les vices présumés ou avérés
de leur auguste auditoire? Ces nobles auditeurs, que cou-
vrait l'ombre du trône, alors que fonctionnaient, sans gêne
ni contrainte, les confesseurs ordinaires et extraordinaires,
écoutaient sans s'émouvoir, en toute patience et résignation,
le dénombrement de leurs méfaits. Ils n'en furent jamais
empêchés de *mener leur fiacre*... Hélas! et de le verser.

Savez-vous, mon vieil ami, que c'est chose ardue de se reconnaître au milieu des raisonnements sans fin suscités par
l'idée religieuse? J'en suis pour mon compte épouvanté.
Quand je parle du pape avec le respect profond que lui
doit tout catholique, on m'appelle ultramontain, clérical,
moliniste, jésuite... Que sais-je?

Si j'aborde le raisonnement humain, sur les traces, — ex-
cusez du peu, — d'Arnauld, de Pascal, de Racine, ces hôtes
illustres de Port-Royal; de Fénelon qui passe aujourd'hui
pour un dangereux socialiste, on me dit que je frise le jan-
sénisme, en suppôt de la grâce efficace. Cette grâce néanmoins me semble nécessaire à soutenir le délinquant dans
ses pieuses velléités de retour au bien. C'est par son moyen
que, dans le grand siècle, maints pécheurs et pécheresses
furent *touchés* et conduits à résipiscence. Car n'a pas toujours la foi qui veut; il y faut le secours d'en haut.

Lorsque, me rappelant mon premier catéchisme, je vois

Dieu présent en tous lieux, dans le brin d'herbe, comme dans l'insecte microscopique, et que j'en déduis cette conséquence que, Dieu étant partout, il doit assister à la production de la moindre de nos pensées ou de nos actions, on m'arrête court : « Prenez garde, vous allez tomber dans le panthéisme, la plus triste des hérésies. »

Enfin l'un de mes anciens amis, aujourd'hui haut placé dans la hiérarchie sociale, et que j'avais connu passablement voltairien, me reprochait un jour de ne *croire ni à Dieu ni à diable.* Il faut que celui-là ait été *touché* à fond de train, par la grâce efficace, sans quoi je ne saurais m'expliquer sa sévérité à mon endroit, en matière religieuse.... et *civile.*

Ma perplexité, vous le comprenez, s'en accroît d'autant. Je ne sais plus ce qu'il faut faire, ou ne pas, faire, pour éviter d'être damné.

Vous me criez du haut de la tête : « Confessez-vous, c'est la panacée » et, me prêchant d'exemple, vous me contez vos joies ineffables de dévot pratiquant.

Mais voilà qu'un grain de sable, un rien, une fille d'Ève vous est pierre d'achoppement ; vous trébuchez.... Relevé par la pénitence, vous trébuchez de nouveau...

J'ai fini par savoir de l'un de vos coreligionnaires, mis au pied du mur, le fin mot de la situation, et pourquoi les dévots et dévotes ne sont pas moins que les mécréants — quelquefois davantage — sujets à des chutes réitérées: « on s'en confesse. » Ah ! on s'en confesse, c'est-à-dire que voyant le remède à côté du mal, le contre-poison en face

14

du venin, ils se laissent plus facilement glisser vers le péché, dont ils se sont réservé la pierre ponce d'effacement.

« Le voilà donc connu ce secret plein... de *mystère!* »

Cette raison, dois-je vous l'avouer, ne me satisfait qu'à
moitié.

Je n'en conserve pas moins, à un haut degré, le sentiment
religieux. En voulez-vous une preuve? vous la trouverez dans
cette réponse de ma cuisinière-gouvernante déjà nommée.
Interrogée par une amie sur ses chances de salut, à mon
service, elle répondit, sans hésiter : «Oh! je n'en suis pas en
peine; j'ai eu le bonheur de tomber sur un maître qui a de
la religion; il ne m'empêche pas de fréquenter l'église et
le confessional. » Hein? je ne le lui ai pas fait dire. *La vérité
sort,* comme chacun sait, *de la bouche des enfants...* et des
bonnes de 55 ans.

B

Ce verbe mille fois conjugué dans tous ses temps et mœufs défraye, à lui seul, la plupart des allocutions et des réponses familières, en notre bon pays de France. On dirait qu'il corrobore, en la doublant, l'étoffe du discours dont il veut affirmer la sincérité. C'est un vigoureux auxiliaire qui imprime du nerf à la phrase et fournit de la moelle à l'argument.

Pour en finir des généralités sur ce verbe tant pratiqué, je veux vous conter, entre plusieurs autres, une historiette. — C'est de l'histoire, — de date récente.

Un jeune officier aide de camp, chargé de remettre un *pli* à l'une de nos plus grandes illustrations militaires, le lui présente en s'inclinant profondément. — Eh ! qu'est-ce que vous me f..tez-là ? dit sur un ton brusque et en repoussant la dépêche le maréchal qui allait se mettre à table pour déjeuner. — Monsieur le maréchal, répond l'officier, avec l'inflexion de voix la plus respectueuse qu'il put trouver, je vous f... une lettre, f..tez-moi une réponse et je f...rai le camp. — A la bonne heure, dit le maréchal radouci, j'aime qu'on s'explique catégoriquement. Mettez-vous là, nous déjeunerons, après quoi nous parlerons affaires. Ainsi fut-il fait et le maréchal ne parut pas garder rancune, pour sa hardiesse, au jeune lieutenant qui, peu de mois après, passa capitaine — au choix.

Je ne connais au verbe précité qu'un seul corrélatif, sur la liste des substantifs à l'usage vulgaire, même trivial, de la langue parlée ou écrite, — écrite désormais par un poëte de haute saveur. C'est celui que M. Victor Hugo met dans la bouche du général Cambronne, sur les champs de bataille de Waterloo.

Fi! que c'est laid! — En italien : *Che brutta cosa, che porcheria, che lordura!* — En patois bourguignon : *Poui que ç'ot peul!*

Et dire que les plus grands esprits se laissent aller à de telles exentricités de langage!

Voilà un poëte que l'on dit le premier de notre époque, — je revendique pour M. de Lamartine, mon illustre compatriote, au moins l'*ex-æquo*,—lequel ne pense pas déroger en trempant sa plume « dans l'encre des latrines ». En vérité c'est à n'y pas croire.

Il est à la connaissance de tout le monde que ce poëte-orateur lève vers le ciel un vaste front, siége magnifique du triple génie lyrique, politique et romantique. Ce front joue un rôle important dans sa carrière parlementaire. Il était rare que M. V. Hugo poursivît son discours, et surtout le terminât, sans produire de nombreux *effets de front*, dont les auditeurs admiraient l'éloquence muette, mais décisive.

Un orateur du même temps, — cet âge d'or de la tribune, — doué d'une intarissable faconde qui le fit surnommer *Robinet d'eau tiède*, avait, lui, à sa disposition certain *effet de cuisse* dont il savait tirer un parti merveilleux pour arrondir la période.

Le tout à l'appréciation pantagruélique du *Charivari* de ce temps-là.

C

Puisque le mot est écrit, arrêtons-nous un instant sur sa véritable acception et sur le rôle que l'homœopathie est appelée à jouer, dès à présent et à l'avenir, en s'appuyant sur son passé.

Aujourd'hui que le progrès surgit de tous côtés, d'une végétation luxuriante, comme autant d'asperges cachées le soir sous terre et qui pointent au soleil du matin, on a peine à concevoir l'agression préconçue, opposée en barrière infranchissable, par les praticiens de la vieille école, au système d'Hahneman.

S'il est vrai, ainsi qu'on le répète à chaque instant, que rien n'est plus entêté qu'un fait, d'où vient que l'intolérance, — proscrite dorénavant en toutes matières, — s'obstine aveuglément à repousser les faits nombreux et authentiques dont s'autorise l'école nouvelle?

Les allopathes n'auraient-ils plus rien à apprendre en ce qui touche l'origine, le développement, la marche des nombreuses maladies qui affligent l'espèce humaine? Les moyens curatifs à leur disposition sont-ils si clairement définis qu'il ne reste plus rien à essayer dans l'appropriation et l'opportunité de leur emploi?

Et cependant les médecins allopathes,— je dis les princes de la science,—avouent humblement que depuis Hippocrate, leur maître à tous, peu ou point de progrès se sont révélés dans l'art de guérir. Ils ignorent ce que c'est que la fièvre, la fièvre intermittente surtout, aussi bien que le mode d'action des médicaments préconisés et réputés héroïques.

Pourquoi donc condamner à l'avance et sans examen ces chercheurs infatigables qui sont à la méthode médicale ancienne ce que, dans l'ordre littéraire, les romantiques sont aux classiques ?

Ce que veut le malade, c'est guérir. Il le veut avec acharnement et sans dévier d'un atome miscroscopique de l'idée fixe qui le poursuit jusqu'au tombeau.

Jugeant par instinct et de leur propre aveu l'impuissance fréquente des allopathes, il se retourne naturellement vers l'homœopathie, la requérant de lui porter le secours refusé d'autre part et que des exemples à lui connus l'autorisent à espérer d'elle.

Le malade est fort peu touché des plus beaux raisonnements, des arguments les mieux agencés ; il tient par-dessus tout à la conservation illimitée de cette chétive enveloppe dont on lui dit tant de mal, mais qu'il estime *in petto* à une très-grande valeur.

« Guenille, si l'on veut, ma guenille m'est chère. »

L'homœopathie n'est pas moins que les autres sciences en butté à de nombreuses contradictions, de la part de ses adversaires. On lui dit : « Qu'est-ce que vos globules, vos fractions infinitésimales, et tout cet appareil de charlatanisme dont vous vous enveloppez avec ostentation? C'est une goutte d'eau dans la mer; autant vaudraient des boulettes de mie de pain. » D'autre part on lui reproche l'emploi des poisons qui, si divisés qu'ils soient, produisent sur l'organisme un effet délétère marqué. La vue, par exemple, est sensiblement affectée et subit des perturbations notables, par l'emploi de certaines préparations homœopathiques.—Accordez-vous donc avec vous-mêmes, messieurs les savants.

Au reste, les homœopathes sont presque tous des médedecins allopathes convertis. Ils ont expérimenté sur eux-mêmes le miracle de leur guérison.

Ajoutons que l'homœopathie compte un grand nombre d'adeptes parmi les intelligences supérieures, et les sommités sociales de toute origine et de toute nature.

C'est plus qu'il n'en faut pour ne pas condamner, *à priori*, une découverte qui a son importance, puisqu'elle touche au plus précieux de nos biens, la santé. Si, comme on l'a dit, le doute est le commencement de la sagesse, sachons douter sans proscrire, en attendant que la lumière se fasse.

D

A propos de l'édilité parisienne et de ses immenses travaux conçus par le génie transcendant de l'Empereur et rapidement exécutés sous la direction infatigable de M. le Préfet de la Seine, la passion joue son rôle, comme il arrive trop souvent, au grand détriment de la justice et de la vérité.

Une opposition moins éclairée qu'hostile, plus malveillante que patriotique, se plaît à retracer avec une certaine complaisance, en le chargeant outre-mesure, le tableau du luxe *babylonien*, du faste onéreux, sans être toujours commode et approprié aux besoins, appliqués aux édifices publics et particuliers.

Cette opposition paraît oublier le plus beau et le plus utile côté de la question irritante qu'elle ne cesse de chauffer au feu de son imagination exaltée. Je veux parler de l'assainissement de la grande cité et de l'immense avantage qu'elle recueille déjà des voies de communication plus faciles et moins dangereuses, de l'air purifié et des bienfaits inappréciables de l'insolation. Il convient de mentionner avant tout l'abondance et l'épuration des eaux. Tout cela n'est, à vrai dire, que l'application, renouvelée des Grecs, du traité d'Hippo-

crate sur les qualités *des airs, des eaux et des lieux.* Le
« divin » vieillard de Cos a deviné, il y a plus de trois mille
ans, et dicta, par un long porte-voix, à M. le baron Hauss-
mann les détails de son administration municipale, en plein
dix-neuvième siècle.

A l'appui de ce que j'avance, que l'on veuille bien jeter les
yeux sur ces larges et longues artères, transformées en
agréables promenades, qui remplacent des rues infectes où le
soleil n'avait pas l'habitude de pénétrer ; sur ces squares
multipliés, ces vastes jardins ornementés avec un goût recherché, dont tous les quartiers sont ou seront pourvus,
avec un grand luxe de ventilation et de propreté. Les populations de tous âges, — l'enfance surtout, — y pullulent et
croissent sous les meilleures influences atmosphériques.
Quoi de plus réjouissant au cœur et à la vue que le spectacle
de ces enfants, si lestes et si proprets, qui, déjà amendés par
la vaccine, promettent de surgir la plus saine et la plus belle
des générations?

Les résultats favorables, trop lentement obtenus au gré de
l'habile et prévoyante administration, seraient déjà appréciables si, ce qu'à Dieu ne plaise, le choléra, — ce terrible
fléau, — faisait à nouveau irruption du midi de la France qui
en est actuellement affligé. Un tel succès plus que probable, puisqu'il est en pleine voie de réalisation, ne devrait-
il pas fermer la bouche et ouvrir le cœur de ces amers critiques qui, assez peu soucieux des bienfaits dont ils jouiront
cependant comme tout le monde, n'ont cessé de déblatérer
contre des actes marqués au coin du patriotisme le plus pur
et le plus éclairé?

Il en faut conclure que, loin de dénigrer et d'entraver dans sa marche une édilité si sage, au point de vue de l'humanité la mieux entendue, on ferait mieux de l'encourager en la louant de ses utiles et nobles efforts.

Maintenant que M. le Préfet de la Seine élève la prétention très-légitime, selon moi, de faire de la capitale de la France la plus belle et la plus confortable des capitales de l'univers, je ne vois rien là que ne puissent justifier l'orgueil du citoyen patriote et les aspirations du loyal Parisien. Encore une de ces rares occasions où l'orgueil, — cette passion le plus souvent funeste, — peut être avoué sans honte et hautement proclamé.

FIN DES NOTES.

www.ingramcontent.com/pod-product-compliance
Lightning Source LLC
Chambersburg PA
CBHW070302290326
41930CB00040B/1832